비전공자도 가능한
워크플로우

노코드
AI 이미지 생성

원클릭
업무 자동화

KB214450

아이디어를
이미지로

상상을
현실로

실전
ComfyUI

| 우희철(AIPOQUE) 저 |

DIGITAL BOOKS
디지털북스

실전 ComfyUI
아이디어를 이미지로
상상을 현실로

| 만든 사람들 |
기획 IT·CG기획부 | **진행** 박성호 | **집필** 우희철
표지 디자인 원은영 | **편집 디자인** 이기숙

| 책 내용 문의 |
도서 내용에 대해 궁금한 사항이 있으시면
저자의 홈페이지나 디지털북스 홈페이지의 게시판을 통해서 해결하실 수 있습니다.
디지털북스 홈페이지 digitalbooks.co.kr
디지털북스 페이스북 facebook.com/ithinkbook
디지털북스 인스타그램 instagram.com/digitalbooks1999
디지털북스 유튜브 유튜브에서 [디지털북스] 검색
저자 이메일 aipoque120@gmail.com

| 각종 문의 |
영업관련 digital1999@naver.com
기획관련 djibooks@naver.com
전화번호 (02) 447-3157~8

최근 생성형 AI 기술은 빠르게 발전하며 우리의 창작 방식을 혁신적으로 변화시키고 있습니다. SNS를 통해 접하는 다양한 콘텐츠들을 살펴보면, AI로 창작된 수많은 미디어 퀄리티가 상상 이상으로 근사해지고 있다는 사실을 실시간으로 확인할 수 있습니다. 이제 누구나 조금만 노력하면, 그냥 봤을 때 사진인지, 생성한 그림인지 구분이 안 될 만큼 정교한 표현력을 갖춘 이미지를 만들 수 있는 시대가 되었습니다. 아직 이미지만큼 정교하지는 않지만, AI 영상 기술도 빠르게 발전하고 있으며, 사용자가 생성한 이미지를 그럴듯하게 움직이는 것도 어렵지 않습니다.

하지만, 각종 SNS를 통해 접하는 수많은 AI 창작물의 퀄리티에 감동해서 직접 이미지를 생성해 보면, 막상 내 의도에 맞게 정교하게 이미지를 제어하고, 수정하는 것은 또 다른 영역이라는 것을 느끼게 됩니다. 예를 들어 직접 운영하는 쇼핑몰의 상세 페이지에 사용할 이미지를 생성형 AI로 만들어내려면, 일단 제품을 착용하거나, 들고 있는 이미지를 생성하는 것부터 막히게 됩니다. 꼭 쇼핑몰 이미지가 아니더라도, 이미지를 많이 생성하다 보면 어느새 프롬프트를 어떻게 작성해야 조금 더 풍부한 표현이 가능한지, 색과 조명은 어떻게 사용해야 하는지 등, 여러 측면에서 고민이 많아집니다.

이처럼 단순 생성 이상의 깊이 있는 생성형 AI 이미지 기술을 활용하려면, 그에 맞는 기능을 제공하는 인터페이스를 다룰 수 있어야 합니다. ComfyUI는 유연한 노드 기반 워크플로우와 강력한 자동화 기능을 갖춘 인터페이스로, AI 이미지 생성의 새로운 패러다임을 제시하고 있습니다. 특히, FLUX 모델과 결합하면 더욱 정교하고 높은 품질의 이미지를 생성할 수 있으며, 이를 통해 사용자는 단순한 이미지 생성에서 벗어나 창의적인 예술 작업부터 실용적인 비즈니스 활용까지 다양한 가능성을 탐색할 수 있습니다.

이 책에서는 ComfyUI를 활용하여 FLUX 모델과 FLUX Tools를 기반으로 고품질 AI 이미지를 생성하고, 자동화된 워크플로우를 구축하며, 창의적인 작업을 극대화하는 방법을 다룹니다. 단순히 AI로 이미지를 생성하는 것을 넘어, 특정 스타일을 구현하고, LoRA 모델을 직접 학습하여 자신만의 고유한 AI 모델을 구축하는 실질적인 방법까지 소개합니다. 이를 통해 AI 이미지 생성에 대한 깊이 있는 이해를 돕고, 다양한 응용 분야에서 효과적으로 활용할 수 있도록 안내하고자 합니다.

ComfyUI: AI 이미지 생성의 새로운 가능성

많은 사람들이 Stable Diffusion을 활용한 AI 이미지 생성에 익숙해지고 있지만, 여전히 초보자에게는 난해한 부분이 많고, 고급 사용자에게는 보다 유연한 커스터마이징이 필요한 경우가 많습니다.

ComfyUI는 이러한 문제를 해결하는 강력한 도구로, 노드 기반의 시각적 인터페이스를 통해 보다 체계적이고 정밀한 이미지 생성 프로세스를 구축할 수 있도록 합니다.

ComfyUI의 가장 큰 장점은 완전한 모듈화와 자동화된 워크플로우입니다. 일반적인 Stable Diffusion GUI에서는 여러 가지 옵션을 일일이 조정해야 하지만, ComfyUI에서는 노드를 조합하여 복잡한 작업을 자동화할 수 있습니다. 예를 들어, 이미지의 특정 부분을 자동으로 마스킹하고 인페인팅(Inpainting)하여 원하는 스타일로 수정할 수 있으며, 이를 반복적으로 수행하는 무한 이미지 생성 시스템을 구축할 수도 있습니다.

이러한 기능들은 단순한 재미를 넘어 전문적인 AI 이미지 제작, 가상 인플루언서, e-commerce(전자상거래) 등 다양한 산업에 실질적으로 적용될 수 있습니다. AI 모델을 활용해 인물의 의상을 변경하거나 특정 사물을 추가하는 등의 고급 기술은 기존의 이미지 편집 방식보다 훨씬 효율적이며, 포토샵 없이도 자연스러운 결과물을 생성할 수 있습니다.

FLUX 모델과 LoRA: AI 이미지 품질을 한 단계 높이는 비결

FLUX 모델은 최근 AI 이미지 생성 분야에서 가장 혁신적인 모델 중 하나로, 보다 자연스러운 디테일과 고해상도의 이미지를 생성하는 데 최적화되어 있습니다. 이 책에서는 FLUX 모델과 FLUX Tools를 활용하여 보다 현실적이고 디테일이 뛰어난 이미지를 생성하는 방법을 소개합니다.

또한, 자신만의 스타일을 AI에 반영하고 싶은 사용자들을 위해 LoRA 모델을 직접 학습하는 방법도 다룹니다. 기존의 LoRA 모델을 다운로드하여 사용하는 것뿐만 아니라, 원하는 스타일이나 특정 인물의 특성을 반영하는 LoRA를 직접 학습하고 활용하는 과정까지 설명합니다. 이를 통해 AI 이미지 생성의 맞춤형 커스터마이징이 가능해지며, 보다 창의적인 결과물을 만들어낼 수 있습니다.

실전 응용: AI 이미지 생성의 미래

인물의 의상을 바꾸거나, 특정 사물을 들게 하거나, 액세서리를 착용하는 등의 작업을 자동화하는 방법을 다루며, 이를 가상 인플루언서나 전자상거래(e-commerce) 등 다양한 산업에 적용 가능한 실용 기술을 제공합니다. 이러한 기술을 활용하면, 현실에서 구현하기 어렵거나, 혹은 막대한 비용이 필요한 작업을 AI로 손쉽게 수행할 수 있으며, 이는 마케팅, 광고, 패션, 콘텐츠 제작 등 다양한 분야에서 큰 가치를 가질 것입니다.

AI 영상을 위한 기초: Image-to-Video 대비

대부분의 AI 영상 기술이 AI 이미지에 기반한다는 점도 주목할 만합니다. 특정 상황을 영상으로 연출하기 위해서는 그에 맞는 시작 이미지 생성하는 능력이 요구됩니다. 아무리 프롬프트를 잘 작성하더라도, 시작 이미지가 의도한 바를 담지 못하면 인공지능이 그에 맞는 영상을 생성할 수가 없습니다. 이처럼, 현재 AI 영상 기술 또한, 프롬프트를 입력해 영상으로 변경하는 방식인 Image-to-Video 기술이 주를 이루고 있기 때문에, 사용자 의도대로 이미지를 생성하고 편집하는 능력이 더욱 중요합니다. 따라서 본 책에서 AI 영상을 직접적으로 다루고 있지는 않지만, AI 영상 기술의 기초를 다지는 측면에서는 큰 도움이 될 것입니다.

이 책은 단순한 기초 입문서가 아닙니다. ComfyUI와 FLUX 모델을 활용하여 고급 이미지 생성 기법을 배우고, 보다 체계적이고 효율적인 워크플로우를 구축할 수 있도록 돕는 '마스터클래스'를 지향합니다. ComfyUI의 차별화된 장점인 노드 기반의 자동화, 효율적인 이미지 생성 프로세스, 포토샵 없이도 가능한 정교한 편집 기능 등을 최대한 활용하여, AI 기술을 가장 빠르고 효과적으로 적용할 수 있도록 안내합니다.

생성형 AI 기술은 이미 우리 생활 속 깊이 자리 잡고 있으며, 그 활용 가능성은 무궁무진합니다. ComfyUI와 FLUX 모델을 활용한 AI 이미지 생성 기술은 단순한 기술적 호기심을 넘어 새로운 창작 방식과 비즈니스 모델을 열어가는 강력한 도구가 될 것입니다. 이 책을 통해 독자 여러분이 최신 AI 기술을 누구보다 빠르게 익히고, 창의적인 프로젝트를 수행하며, 더 나아가 자신의 분야에서 차별화된 경쟁력을 갖춰 AI 이미지 생성의 무한한 가능성을 발견하고, 직접 응용해 볼 수 있는 기회를 얻기를 바랍니다.

책에서 사용하는 인공지능 모델 및 예제 워크플로우 다운로드

기본적으로 사이트 주소는 내용을 다루는 문단에서 QR 코드를 통해 내려받을 수 있습니다. 추가적인 워크플로우나 모델 등은 다음의 QR 코드를 통해 한 번에 다운로드해 주세요.

모델 및 예제 워크플로우

단순한 스테이블 디퓨전에서 벗어나, 프로세스화된 ComfyUI를 활용해 다음 세대 AI 프로세싱을 만들어 보세요. 이제 AI 프로세스 제작의 신비로운 세계로 발을 들여놓을 시간입니다. '세상의 진정한 가치는 변화 속에서 발견된다'는 철학적 고찰처럼, 생성형 AI를 조화롭게 결합해 새로운 가능성을 열어주는 AIPOQUE님의 책을 진심으로 추천합니다.

- 최돈현, 소이랩(soy.lab) CEO / Stable Diffusion Korea Facebook user group 운영자 / Fastcampus 파트너 / 강사

과장을 조금도 보태지 않고 AIPOQUE님은 국내에서 ComfyUI의 최고 전문가분이시라 단언할 수 있습니다. 이론과 이해를 생략한 상태로 접근하면 불필요한 수많은 시행착오와 오개념을 갖는 상황이 초래됩니다. 이 책을 통해 무엇을 어떻게 왜 해야 하는지를 잘 배우시고, 개인과 조직의 전략적 활용에 도움이 되시길 빕니다.

- 강협, Nordy(가온프라임) 이사

ComfyUI는 생성형 AI의 가능성을 극대화할 수 있는 도구이지만, 그 구조적 복잡성과 자유도는 초보자에게 큰 진입 장벽으로 다가옵니다. 그런 장벽을 체계적이고 친절하게 허물어주는 입문자 맞춤형 가이드이자, 실전 활용을 위한 로드맵입니다. 복잡한 노드 기반 구조를 단순화하여 설명하고, 단계별 실습을 통해 개념과 응용을 함께 익힐 수 있도록 구성되었습니다. 기초적인 UI 조작부터 이미지 생성, 스타일 조정, 워크플로우 구성까지 실제 제작에 필요한 핵심 요소들이 빠짐없이 담겨 있어, ComfyUI를 처음 접하는 이들도 따라 하며 실력을 쌓고 자신만의 창작 흐름을 구축할 수 있도록 도와줍니다. 무엇보다 이 책은 단순한 사용법을 넘어, 생성형 AI를 이해하고 활용하는 방식 자체에 대한 깊이 있는 통찰을 제공합니다. AI 기반 크리에이티브 작업의 세계에 첫발을 내딛는 이들에게, 이 책은 가장 신뢰할 수 있는 동반자가 될 것입니다.

- 김상래, 그림달 / 한국AI작가협회 이사

처음 ComfyUI를 접했을 땐, 도대체 어디서부터 손대야 할지 막막했습니다. '노드 기반 인터페이스'라는 말만 들어도 부담이 컸고, 워크플로우는 한참 먼 이야기였죠. 하지만, 이 책은, 단순히 툴의 기능을 나열하는 설명서가 아닙니다. 디자인 실무에 꼭 필요한 개념부터, 상업적 이미지 작업에 적용 가능한 자동화 방식까지 맥락과 원리를 함께 짚어주는 실전서입니다. 실제로 저는 AIPOQUE님의 강의를 통해, 브랜드 작업에 필요한 AI 이미지들을 직접 만들고, 광고와 콘텐츠에 바로 활용할 수 있게 되었습니다. 복잡했던 노드 구성도 차근히 따라가다 보니, 어느새 제 손에 고품질 이미지와 효율적인 워크플로

우가 남아 있더군요. 이 책은 '가능성'이 아닌 '결과'를 이야기합니다. AI 이미지 생성에 도전하려는 디자이너에게, 그리고 그걸 실무에 활용하고 싶은 창작자에게 이보다 더 실용적인 길잡이는 없을 거예요.

- 김미연, 브랜드 SHEMA 디렉터/AI 이미지 디자이너

하루가 다르게 진화하는 AI 툴의 홍수 속에서, ComfyUI는 창작의 자유를 넓혀주는 강력한 도구로 자리매김했습니다. 그러나 그 깊이와 복잡성 때문에 어디서부터 어떻게 시작해야 할지, 혹은 어떻게 더 나은 결과물을 만들 수 있을지 고민하는 분들이 많습니다. 바로 이런 분들을 위해 이 책이 탄생했습니다. 저자는 ComfyUI에 대한 풍부한 실전 경험과 독창적인 접근 방식을 통해 누구보다도 효율적인 활용법으로 이끌어 줍니다. 특히 많은 이들이 궁금해하는 FLUX 모델을 이용하여 최고 수준의 결과물을 안정적으로 생성하는 비법을, 저자 특유의 심도 깊은 분석과 함께 명쾌하게 제시합니다. AI를 활용하며 느꼈던 갈증을 시원하게 해소하고, ComfyUI의 잠재력을 극대화하고 싶은 분이라면 이 책이 최고의 선택이 될 것입니다.

- 윤경식, AI 오프너 Youtube Creator / AI 작가

최근 생성형 AI의 발달로, 사진인지 생성된 그림인지 분간하기 어려운 이미지들이 속속 등장하고 있습니다. 이제는 단순히 손가락의 개수를 세어보는 수준을 넘어, 색과 조명, 구도, 나아가 물리학적으로 가능한 장면인지까지 고민하게 됩니다. 이 책은 ComfyUI와 FLUX 모델을 결합해, 생성형 AI를 단순한 호기심을 넘어 실질적인 도구로 활용할 수 있는 능력을 배양해 줍니다. 디자이너나 전자상거래업자는 물론, 시각적 분석이 중요한 연구자와 교육자에게도 이 책은 새로운 세계를 열어줄 유의미한 참고서가 될 것입니다. 자, 이제 이 책을 통해 여러분만의 세계를 직접 '생성'해 보길 바랍니다.

- 최진우, 국립공주대학교 데이터정보물리학과 교수

이 책은 ComfyUI를 활용한 AI 이미지·영상 제작의 기초 체력을 탄탄히 다지는 것을 목표로 합니다. 레고 조립법만 익혀도 다양한 형태를 만들어낼 수 있듯, 기본적인 워크플로우 설계 방법을 통해 누구나 자신만의 창작물을 완성할 수 있도록 친절하게 이끌어줍니다. 창작의 가능성을 넓히고 싶은 모든 이에게 꼭 추천하고 싶은 입문서입니다.

- 강두호, 삼성전자 DS 연구원

CONTENTS

CHAPTER. 03

ComfyUI와 친해지기

CONTENTS

CHAPTER. 04

Text-to-Image

CHAPTER. 05 **Text-to-Image 심화**

CHAPTER. 06 **Image to Image**

CONTENTS

CHAPTER. 07　고급 기능 익히기

CHAPTER. 08　실제 활용 예시

CHAPTER 01

AI 이미지의 첫걸음

ComfyUI, FLUX, Stable Diffusion이 다 뭔가요?

평소 생성형 AI 이미지 기술에 관심이 있다면, 스테이블 디퓨전, 미드저니, 달리, 플럭스 등 다양한 기술 용어를 자주 접했을 것입니다. 게다가 최근 들어 AI 발전이 가속화되면서, 다양한 모델과 서비스가 출시되고, 그에 따른 용어들이 우후죽순 등장하고 있습니다. 그렇다면, 본 책에서 다루는 ComfyUI, FLUX, 스테이블 디퓨전은 도대체 어떤 차이가 있고, 그 개념을 어떻게 받아들여야 할까요?

생성형 AI 이미지 기술은 구동 방식에 따라 크게 두 가지로 나눌 수 있습니다. 첫 번째는 웹이나 앱을 통해 온라인상에서 직접 이미지 생성할 수 있는 서비스이고, 두 번째는 사용자가 직접 인공지능 모델을 PC에 설치하여 이미지 생성하는 로컬 구동 방식입니다.

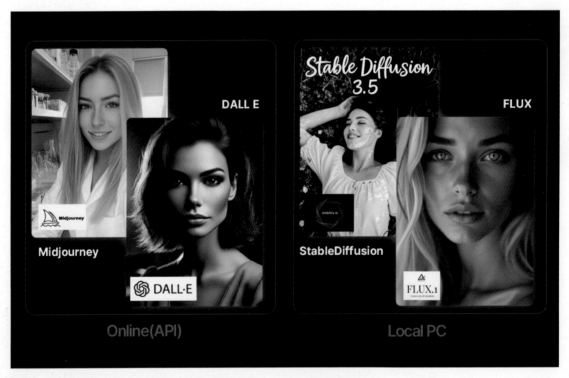

[그림 1] 대표적인 생성형 AI 이미지 기술 구분

전자의 경우, 대표적으로 미드저니사의 미드저니(Midjourney), 또는 오픈AI의 달리(DALL-E)를 예로 들 수 있습니다. 사용자가 온라인 생성형 AI 이미지 서비스를 이용하는 방법은 어렵지 않습니다. 해당 서비스 페이지에 접속하면, 미리 갖춰진 유저 인터페이스를 통해 프롬프트 및 기타 설정을 비교적 쉽게 조작할 수 있으며, 이를 통해 빠르게 이미지를 생성할 수 있습니다. 특히, 달리 3버전부터는 아예 OpenAI의 ChatGPT 서비스에서 바로 사용할 수 있습니다. ChatGPT와의 대화창에서 프롬프트를 입력해 이미지를 생성해달라는 간단한 명령만 주면, 즉시 결과 이미지를 얻어 사용할 수 있습니다.

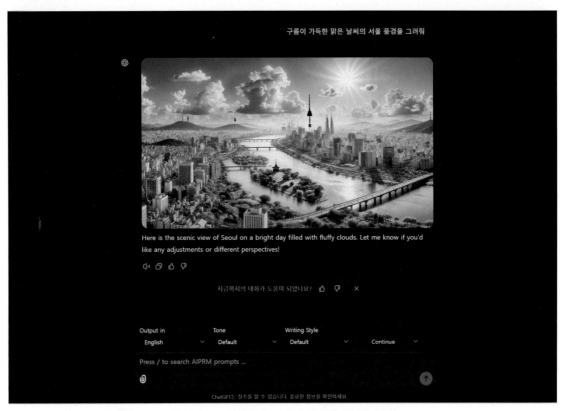

[그림 2] ChatGPT를 통해 DALL·E로 이미지를 생성하는 모습

반면, 후자의 경우 stability.ai의 스테이블 디퓨전, black forest lab의 FLUX 등이 가장 대표적인 로컬 생성형 AI 이미지 모델입니다. 전자와 다르게 서비스로 제공되는 것이 아니라 Open source로 제공되고 있습니다. 따라서 해당 모델을 사용하기 위해서는 별도의 UI가 필요합니다. [그림 3]은 ComfyUI에서 FLUX 모델로 이미지를 생성하는 모습입니다.

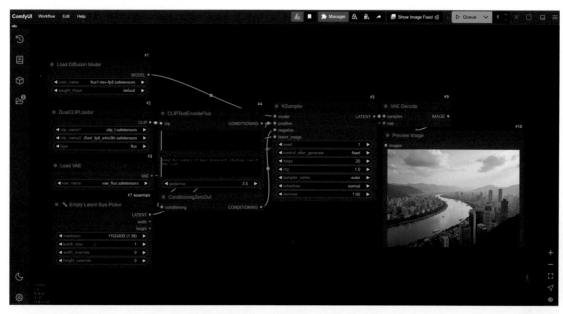

[그림 3] ComfyUI 위에서 FLUX 모델로 이미지를 생성하는 모습

또한 Stable Diffusion, FLUX 등의 오픈소스 모델은, [그림 4]와 같이 미리 구성된 중앙의 User Interface(UI)에서 사용자가 작성한 프롬프트와 선택한 모델을 입력으로 받아 이미지를 생성하고, 그 결과 생성된 이미지를 출력하는 방식으로 작동합니다.

[그림 4] User Interface의 개념

본 책에서 다루는 ComfyUI는, 인공지능 이미지 생성 과정에서 UI에 해당합니다. 현재 ComfyUI는 Forge WebUI와 함께 인공지능 이미지 모델을 다루는 가장 대표적인 UI로 자리매김하고 있습니다. 사용자는 이런 UI를 활용하여 코딩 없이도 쉽고 빠르게 아래의 기능들을 수행할 수 있습니다.

- **Text-to-Image**: 사용자가 입력한 프롬프트로부터 이미지 생성
- **Image-to-Image**: 사용자가 제공한 이미지를 기반으로, 입력한 프롬프트에 따라 이미지 수정
- **Text-to-Video**: 사용자가 입력한 프롬프트로부터 영상 생성
- **Image-to-Video**: 사용자가 제공한 이미지를 기반으로, 입력한 프롬프트에 따라 영상 생성

ComfyUI   Forge WebUI

[그림 5] 오픈소스 생성형 이미지 인공지능 UI 비교

📋 **WebUI가 뭔가요?!**

ComfyUI와 Forge WebUI 모두 사실 웹(web) 브라우저를 통해 구동되는 WebUI에 속합니다. 하지만, 2022년 스테이블 디퓨전이 본격적으로 대중화되는 시점에서 쉽고 사용이 편리한 Automatic1111(A1111)의 WebUI가 유행하면서, 마치 WebUI란 용어가 A1111 WebUI를 지칭하는 대명사처럼 쓰이게 되었습니다. 현재는 A1111이 FLUX를 지원하지 않으면서, 인터페이스를 그대로 활용하는 Forge WebUI가 그 자리를 넘겨받은 상태입니다. ComfyUI 또한 노드 연결 방식으로 구동되는 WebUI이지만, 그 이름에 UI가 들어가 있기 때문에, 흔히들 ComfyUI로 부르고 있습니다.

LDM(Latent Diffusion Model)의 개념

이제 ComfyUI와 FLUX가 각각 어떤 개념인지 알게 되었습니다. 한 번 더 정리하자면, FLUX는 실제로 이미지를 생성하는 인공지능 모델이고, ComfyUI는 그 모델을 사용자가 사용할 수 있도록 인터페이스를 제공하는 프로그램입니다. ComfyUI를 어떻게 다뤄야 하는지에 대해서는 책 전반에 걸쳐 자세히 다룰 예정이므로, 여기서는 먼저 FLUX와 같은 인공지능 모델이 어떤 방식으로 이미지를 생성하는지 살펴보겠습니다.

잉크가 물에 떨어졌을 때의 모습은 하나의 점으로 보이지만, 시간이 지나면서 잉크는 물컵 내로 서서히 퍼져 나갑니다. 물리학에서는 이런 현상을 확산(diffusion)이라고 합니다. 일상에서 우리가 흔하게 볼 수 있는 현상입니다. 우리는 이 현상을 반대로 생각해 보겠습니다.

물컵에 잉크가 떨어지는 모습   물속에서 잉크가 확산하는 모습

[그림 6] 확산(Diffusion)의 이해

즉, '잉크를 떨어뜨린 직후부터 일정 시간 간격으로, 잉크가 얼마큼 어떤 식으로 확산하여 퍼져 가는지를 반복해서 학습한다면, 나중에는 퍼져 있는 잉크로부터 다시 원래 잉크가 어디에 얼마만큼 떨어졌는지 알 수 있지 않을까?'라고 생각해 보는 것입니다. 이 사고방식을 이미지와 노이즈의 관계에 대입하면 다음과 같습니다.

먼저 정상적인 이미지(물 위에 잉크가 떨어진 시점)에 순차적으로 노이즈를 추가(잉크가 확산)하는 과정에서, 인공지능 모델은 노이즈 추가 단계에 따른 이미지와 노이즈 간의 차이를 학습합니다. 노이즈가 100%라는 것은 잉크가 완전히 확산하였을 때와 같습니다. 다양한 이미지에 대해 위와 같은 학습 과정을 반복적으로 진행하면, 인공지능 모델은 특정 이미지에 노이즈가 특정 수준 추가되었을 때, 노이즈의 양과 형태를 예측할 수 있게 됩니다.

[그림 7] 노이즈를 추가하며 그림을 학습하는 과정

수많은 이미지에 대해 학습을 마친 모델은 이제, 단계별 이미지-노이즈의 관계를 알고 있기 때문에, 반대로, 그림 8처럼 완전한 노이즈(잉크가 완전히 확산한 물)로부터 단계별로 예측 노이즈를 차근차근 제거해 가면, 다시 인물 이미지(물 위에 잉크가 떨어진 시점)를 추론해 낼 수 있습니다.

[그림 8] 노이즈를 제거하며 그림을 생성하는 과정

당장은 조금 이해가 어려울 수 있지만, ComfyUI를 통해 인공지능 이미지 모델을 다루다 보면 자연스럽게 이해가 되는 부분이므로 너무 걱정하지 않아도 됩니다. 여기서 중요한 점은, '디퓨전 모델은 결국 어떠한 노이즈로부터, 각 단계별 이미 학습한 예측 노이즈를 점진적으로 제거해 나가는 방식으로 이미지를 생성한다.'는 사실입니다.

그럼, 실제로 우리가 ComfyUI 위에서 이미지를 생성할 때는 이 과정이 어떻게 진행되는지 살펴보겠습니다.

먼저 ComfyUI에서 Diffusion Model을 구동하여 이미지를 생성하기 위해서는 총 3개의 인공지능 모델 (VAE, DIffusion Model, CLIP)을 활용하는데요, 각 모델의 역할을 이해하기 위해 먼저 [그림 9]와 같이 개념적으로 공간을 3개로 나눠서 살펴보겠습니다.

[그림 9] Diffusion Model 이미지를 생성 공간

① Pixel Space
우리가 다루는 실제 이미지 파일(JPG, PNG 등)을 의미합니다.

② Latent Space
잠재 영역으로, 실제로 인공지능 모델이 노이즈로부터 이미지를 생성해 내는 과정이 바로 여기서 진행됩니다.

③ Conditioning 영역
사용자가 입력한 프롬프트 및 다른 설정값들이 적용되는 영역입니다.

이 세 개의 영역에서 각 인공지능 모델이 어떤 역할을 하는지 조금 더 자세히 살펴보면 다음과 같습니다.

VAE: 실제 이미지에서 것을 잠재 이미지(Latent Image)로, 또는 잠재 이미지에서 실제 이미지로 변환하는 인코더 역할을 합니다. FLUX 및 스테이블 디퓨전과 같은 이미지 모델은 완전한 노이즈로부터 노이즈를 단계별로 제거해 가면서 이미지를 생성합니다. 이 과정을 일반 이미지 데이터로 수행하면 엄청난 하드웨어를 요구합니다. 따라서 일반 이미지 데이터의 핵심을 추려 낮은 데이터 차원으로 변환한 것이 잠재 이미지이며, 이 잠재 이미지를 다루는 영역을 잠재 영역(Latent Space)이라고 합니다.

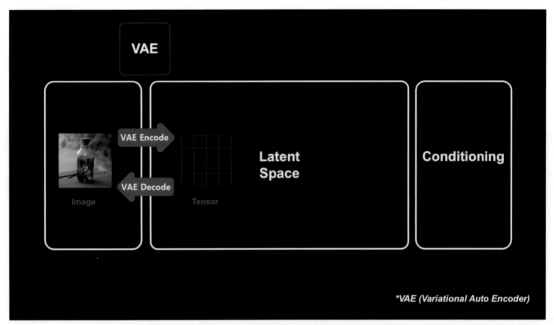

[그림 10] VAE(Variational Auto Encoder)

CLIP: LIP 모델은 사전에 텍스트와 이미지의 관계를 학습한 모델입니다. 컴퓨터는 사람의 언어를 이해할 수 없기 때문에, 프롬프트 → 토큰 → 임베딩 벡터의 변환 과정을 거쳐 컴퓨터가 연산에 사용할 수 있도록 돕습니다.

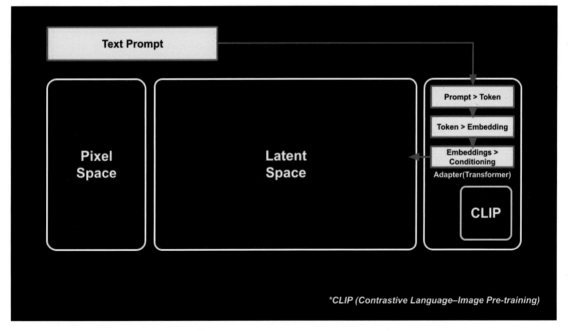

[그림 11] CLIP(Contrastive Language-Image Pre-training)

Diffusion Model: Diffusion Model은 실질적으로 이미지를 생성하는 과정을 담당하며, CLIP에서 전달받은 정보를 기반으로 여러 단계에 걸쳐 노이즈를 예측하고, 이를 제거해 나가는 과정을 반복합니다. 이렇게 단계별로 노이즈를 제거해 나가는 과정을 샘플링(Sampling)이라고 하며, Diffusion Model은 이 모든 과정을 잠재 영역(Latent Space)에서 잠재 이미지 상태로 수행합니다.

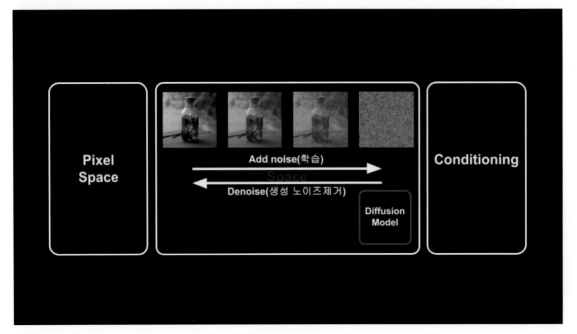

[그림 12] Diffusion Model

ComfyUI에서는 이러한 이미지 생성 과정과 원리를 워크플로우를 통해 직관적으로 보여줍니다. 예를 들어, ComfyUI를 처음 설치한 뒤 실행하면 기본 Text-to-Image 워크플로우가 나타납니다. 생성 원리를 이해한 상태에서 워크플로우를 살펴보면, 각각의 인공지능 모델이 어디서 사용되는지 직관적으로 확인할 수 있습니다.

CLIP은 사용자가 입력한 텍스트 프롬프트를 토큰으로 변경하고, 이를 임베딩 벡터로 변환해 Conditioning 데이터로 KSampler 노드에 전달합니다. Diffusion Model은 이 데이터를 기반으로 노이즈를 제거하며 이미지를 생성합니다. 이 과정에서 스테이블 디퓨전 및 FLUX와 같은 인공지능 이미지 모델이 활용되며 KSampler를 통해 CLIP이 변환한 프롬프트와 결합되 이미지를 생성합니다. 마지막으로 VAE 모델은 잠재 영역에서 처리된 이미지를 픽셀 영역으로 디코딩하는 역할을 수행합니다.

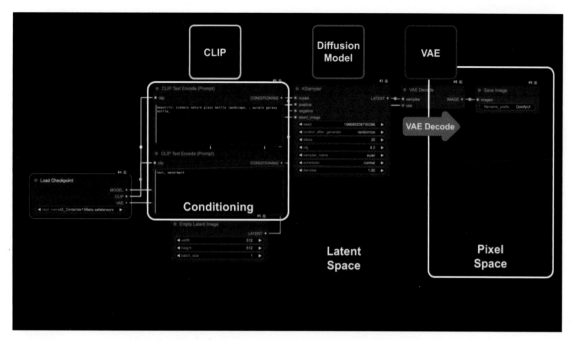

[그림 13] ComfyUI Default Text-to-Image 워크플로우와 모델의 역할

이처럼 ComfyUI는 디퓨전 모델의 동작 원리를 기반으로 워크플로우를 제공하기 때문에, 이를 통해 워크플로우를 다루는 과정에서 자연스럽게 디퓨전 모델의 동작 원리에 대해서도 학습할 수 있습니다.

SECTION 03

왜 FLUX인가요?

기본적으로 생성형 인공지능 이미지 모델 중에서도 특히 오픈소스 모델이 대중적으로 큰 관심을 받기 확산한 시점은 SD1.5가 공개된 2022년 10월이라고 볼 수 있습니다. 이는 가정용 PC에서도 실행이 가능할 만큼 하드웨어 요구사항이 낮아진 덕분에, 공개와 함께 엄청난 인기를 끌었습니다.

오픈소스의 특징답게 세상의 관심이 집중되면서 기술 발전 속도 역시 엄청난 속도로 빨라졌습니다. 이후 Stability.ai사에서는 SD1.5의 후속 모델로 SDXL 및 SD3.0을 거쳐 SD3.5까지 공개한 상태입니다. 이런 가운데, 2024년 8월 1일 Black Forest Lab에서 깜짝 출시한 FLUX.1은, 당시 스테이블 디퓨전으로 오픈소스 생성형 AI 모델의 선두를 달리고 있던 SD3.0과 비교해, 비약적으로 발전한 성능과 이미지 품질을 자랑하며, 현재까지도 세간의 관심을 독차지하고 있습니다.

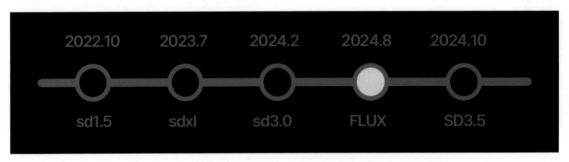

[그림 14] StableDiffusion & FLUX 출시 타임라인

다음의 이미지는 다양한 모델을 이용해, 'a photo of a girl, solo, long hair, wearing floral-print shirt and black pants, white sneakers, Paris France'라는 동일한 프롬프트를 입력하여 생성한 이미지를 비교한 것입니다. SD1.5의 경우 인물의 얼굴은 말할 것도 없고, 인체가 심하게 틀어진 모습으로, 프롬프트를 알지 못한 상태에서 보면 도대체 어떤 그림인지 알 수가 없을 정도입니다. SDXL로 넘어오면서 굉장히 많이 발전한 모습이지만, 프롬프트에 요청한 흰색 운동화는 표현하지 않았습니다. SD3.5에서는 사용자의 프롬프트를 충실히 따르는 모습입니다. 배경에 대한 묘사가 Paris, France로 짧게 작성되어 디테일을 표현하지 않았을 뿐, 이는 추가적인 정보를 제공하면 충분히 배경의 디테일도 살릴 수 있습니다. 한편, 플럭스 모델의 경우 프롬프트에 적힌 모든 내용을 반영한 고품질의 이미지를 생성해 주는 것을 확인할 수 있습니다.

SD1.5   SDXL   SD3.5   FLUX

[그림 15] 다양한 Diffusion 기본 모델로 생성한 인물 비교

FLUX 출시 전까지만 해도 많은 사람들이 SD3의 출시에 대해 굉장한 기대를 품고 있었습니다. 당시 미드저니가 버전 업그레이드를 통해 이미지 품질에서 상당한 우위를 점하고 있었지만, 기술의 확장성 측면에서는 스테이블 디퓨전이 압도적인 위치에 있었습니다. 스테이블 디퓨전은 오픈소스의 장점을 그대로 가지고 있기 때문에, ControlNet을 비롯해 SegmentAnything, SVD 등 수많은 최신 기술이 출시되면 큰 지체 없이 바로바로 활용할 수 있었습니다. **따라서, SD3가 출시되면, 미드저니와 버금가는 품질의 이미지에 다양한 확장 기능을 활용할 수 있을 것이라는 기대를 할 수밖에 없었던 것입니다.** 하지만 막상 SD3가 공개된 이후, 이전 버전인 SDXL보다도 못한 해부학적 표현력에 큰 실망을 하게 됩니다. 큰 기대가 있었던 만큼 전 세계 사용자들의 마음이 이미 차갑게 식은 상태에서 얼마 가지 않아 FLUX가 혜성같이 등장한 것입니다. 이후 Stability.ai에서는 SD3.0 대비 더욱 개선된 SD3.5를 빠르게 출시하였으나 여전히 해부학적 이해도와 세부 디테일 표현 측면에서는 FLUX에 못 미치는 모습입니다.

SD3.5   FLUX

[그림 16] FLUX보다 늦은 출시에도 고난도 요가 자세 표현을 제대로 하지 못하는 SD3.5

FLUX의 경우 SD3와 달리 해부학적 표현력이 매우 뛰어나, 인체 표현은 물론, 기존에 가장 골치 아픈 문제였

던, 손과 손가락 등의 표현 정확도도 큰 폭으로 개선되었습니다.

그뿐만아니라, 이미지 품질에서도 매우 놀라운 성과를 보여주었습니다. 소위 말하는 '불쾌한 골짜기'가 대폭 해소되면서, 다양한 분야에서 폭넓은 AI이미지 사용이 가능한 수준으로 올라왔다는 평가를 받고 있습니다. 특히 실사 이미지의 경우, 단기간에 이렇게 빠르게 발전할 수 있다는 것이 놀라울 정도로, 누구나 FLUX를 이용하면, SDXL과 비교해 매우 자연스럽고 디테일이 살아있는 이미지를 생성할 수 있습니다.

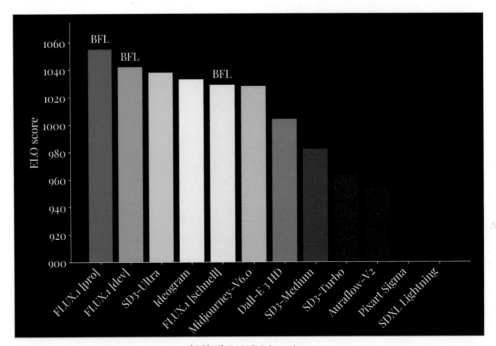

[그림 17] FLUX ELO Score chart

SECTION 04

왜 ComfyUI인가요?

ComfyUI는 일반 사용자에게는 익숙하지 않은 노드 기반 인터페이스를 제공하기 때문에 입문자 입장에서는 심리적 진입장벽이 높습니다. 본문을 통해 차근차근 다루겠지만, 쉬운 이해를 위해 ComfyUI를 레고에 비유해 보겠습니다. ComfyUI에서 노드란, 마치 각기 다른 모양과 기능을 하는 레고 블록과 같습니다. 어떤 블록은 이미지를 불러오는 역할을 하고, 또 어떤 블록은 이미지를 자르고 붙일 수 있으며, 또 다른 블록은 인공지능 모델을 불러오기도 하고, 이미지 생성을 전담하는 블록도 있습니다. 사용자는 이처럼 다양한 기능을 갖는 레고 블록들을 마음대로 조합할 수 있으며, 따라서 그 결과 탄생하는 작품 또한 무궁무진합니다. 즉, ComfyUI 위에서는, 사용자가 적극적으로 기능 블록들을 조합하여 복합적인 기능을 수행하는 독창적인 작품을 만들어낼 수 있습니다.

ComfyUI를 처음 실행하면, 일반적인 이미지 생성 프로그램에서 흔히 볼 수 있는 텍스트 입력창, 이미지 업로드 버튼, 설정 조정 슬라이더 등이 보이지 않고, 깨끗한 바탕화면만 나타납니다. 화면 상단과 좌측에 작은 버튼들이 존재하긴 하지만, 이미지 생성을 하기 위한 직접적인 역할을 하기보다는 UI 실행을 위한 보조적인 기능을 갖춘 버튼들입니다. 따라서 ComfyUI에서 이미지 작업을 진행하기 위해서는 필요한 기능을 모두 사용자가 직접 구성해 줘야 합니다.

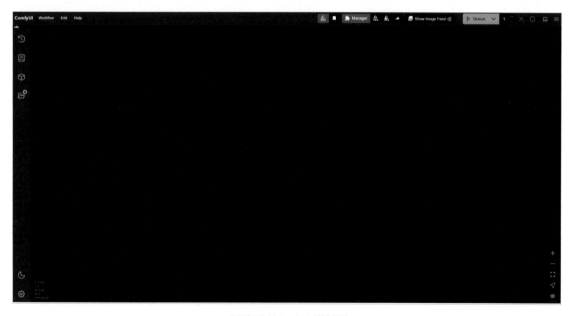

[그림 18] 빈 ComfyUI 실행 화면

다음 예시 이미지에서는 프롬프트를 이미지로 구현하기 위해, 빈 화면에서 직접 기능을 갖춘 노드들을 연결하여 구성한 워크플로우입니다. 예시에서 볼 수 있듯, 워크플로우는 ❶ 인공지능 모델을 로드하는 노드그룹, ❷프롬프트 작성 그룹, ❸ 빈 캔버스 생성 노드, ❹ 이미지를 생성하는 샘플링 그룹, 그리고 결과 이미지를 출력한 노드로 구성되어 있습니다.

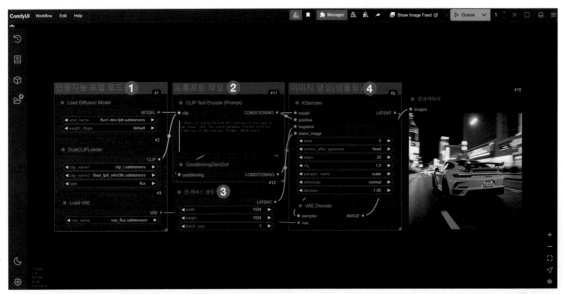

[그림 19] Text-to-Image 워크플로우 구성

이처럼 ComfyUI는 단위 기능을 수행하는 **노드(Node)**라는 것들을 기능 수행 순서에 맞게 사용자 입맛대로 연결하여, 자유롭게 이미지를 생성하고 편집할 수 있는 UI입니다. 노드들을 조합하여 특정 기능을 수행하도록 구성한 과정을 **워크플로우(Workflow)**라고 부르며 ComfyUI에서는 아무리 간단한 기능이라도 해당 기능을 구현하기 위해, 사용자가 직접 워크플로우를 작성해야 합니다.

간단히 텍스트만 입력하면, 결과 이미지를 내어주는 ChatGPT(DallE3)와 차이가 느껴지시나요? 사용자가 뭐든 조립해야 한다는 점에서, 간단한 이미지 생성에서 ComfyUI는 편의성이 떨어지고, 좋은 선택지가 아니라고 여길 수도 있습니다. 하지만 감히 장담하건데 ComfyUI 사용에 조금만 익숙해지면, **직접 워크플로우를 구성한다**는 것의 무한한 가능성과, 그로부터 발생하는 아래의 장점 때문에 다시 다른 UI로 돌아가기 어려워질 것입니다.

ComfyUI의 주요 장점은 다음과 같습니다.

① **극한의 작업 효율**: 포토샵 불필요, ComfyUI 내에서 모든 작업을 한 번에

② **노코딩 자동화**: 워크플로우만 구축하면 잠자는 동안에 이미지 10만 장도 거뜬

③ **무한 확장성**: 오픈소스 AI 기술은 모두 ComfyUI에서, 가장 빠른 신기술 구현

④ **리소스 관리** : 불필요한 반복작업을 줄이고, 하드웨어 성능을 최대 효율로 활용

아래에서는 각각의 장점에 대해 예시와 함께 구체적으로 살펴보겠습니다.

극한의 작업 효율 – 올인원 UI

꼭 AI가 아니더라도, 일반적인 작업을 할 때는 사이즈 변경, 이미지 오버레이, 색감 및 밝기 조정, 마스킹 등의 편집 작업은 필수입니다. 카메라로 촬영한 사진을 보정하는 경우를 예로 들어보겠습니다. 아무리 좋은 카메라로 최상의 화질로 촬영한 사진이라도 원본 그대로 사용하는 경우는 많지 않습니다. 포토샵을 사용해 해상도를 조정하고, 각종 색상 및 밝기를 조정하는 것은 물론, 사진 속 불필요한 물건이나 인물을 삭제하기도 합니다. 결국 촬영과 보정의 두 단계를 거쳐야 합니다.

하지만 ComfyUI에서 AI 이미지를 생성하는 경우, 포토샵에서 진행해야 하는 보정의 단계를 워크플로우 내에 포함할 수 있습니다. 이렇게 되면 기존의 촬영-보정 **두 단계로 진행되어야 하는** 과정을 '워크플로우 실행'이란 **하나의 작업으로 대체**할 수 있게 됩니다.

[그림 20] Text-to-Image 이미지 생성 워크플로우에 이미지 자르기, 색상 보정, 글자 삽입, 글자 그림자 조정 기능을 추가로 구성한 워크플로우

여기서 미드저니, DALL-E와 큰 차별화된 장점이 나타납니다. 이들 역시 어느 정도 이미지 수정이 가능하지만, 결국 결과 이미지의 세부 사항을 변경하려면, 포토샵 등의 이미지 편집툴을 추가로 사용할 수밖에 없습니다. 오픈소스 모델을 사용할 수 있는 Forge WebUI의 경우도 마찬가지입니다. 확장 기능을 설치해 조금의 편의성은 갖출 수 있지만, 이미지를 생성하고 편집하는 작업을 단 하나의 워크플로우로 실행하는 것은 불가합니다. 그러나 ComfyUI에서는 이미지 생성부터 편집, 수정까지 모든 과정을 하나의 워크플로우로 구성할 수 있습니다.

다음의 예시에서는 원본으로 생성한 정방형 이미지를 16:9 비율로 크기를 조정하고, 차량을 제외한 배경을 흑백 처리한 뒤, 글자를 삽입하고, 글자 음영을 넣는 작업을 하나의 워크플로우로 실행했습니다. 이렇게 구성된 워크플로우는 만약 다른 형태의 자동차 이미지가 생성되었더라도, 자동으로 차량을 인식해 배경만 흑백 처리합니다.

원본   16:9 편집본

[그림 21] 복합 워크플로우 결과 이미지

여기에 하나 더 큰 장점이 있습니다. 바로 이렇게 구성한 워크플로우를 저장하고, 공유할 수 있다는 점입니다. 즉, 작업 과정을 한 번만 잘 구성해 두면, 해당 워크플로우를 누구에게나 공유할 수 있고, 공유받은 사람은 누구나 ComfyUI에서 단 한 번의 클릭으로 동일한 이미지를 생성해 낼 수 있습니다. 이는 협업 측면에서도 상당히 유용합니다.

노코딩 자동화 - 반복 업무는 AI에게

앞서 살펴본 작업 효율 측면에서 일련의 이미지 편집 과정을 고려한다고 해도, 단발성으로 한두 장의 이미지 생성 및 편집만 필요한 경우라면, 포토샵 등의 외부 이미지 편집 툴을 사용하는 것이 크게 번거롭지 않을 수도 있습니다. 하지만 만약 여러 장의 이미지에 대해 비슷한 작업을 반복해야 하거나, 반대로 그때그때 방식이 다른 작업을 여러 장 진행하는 경우라면 어떨까요?

다음은 Meta가 개발한 Segment Anything이라는 기술을 활용하여, 원본 이미지에서 사람만 분리한 이미지와 마스킹 이미지를 따로 저장하는 워크플로우입니다. 사람만 추출하는 이 기능은 요즘 포토샵에서도 피사체 선택, 또는 배경 제거 버튼을 클릭하는 것만으로도 쉽게 동작합니다. 따라서 한 장을 이미지를 처리할 때는 포토샵을 사용하든지, ComfyUI를 사용하든지 큰 차이가 없을 수 있습니다. 하지만 만약 100장의 이미지로부터 사람만 추출해야 한다면 여러분은 어떻게 하실 건가요?

[그림 22] Segment Anything을 이용한 자동 마스킹

[그림23]은 기존의 이미지 한 장을 불러오는 Load Image 노드 대신, 다수의 이미지를 불러올 수 있는 Load Image Batch로 교체하고, 이미지 저장 방식도 인물 이미지와 마스크 이미지를 각각 저장할 수 있도록 변경한 결과입니다. 상단의 Queue 버튼을 누르면 워크플로우가 실행되며, 버튼 우측의 100은 워크플로우를 100번 실행하라는 의미입니다.

[그림 23] Segment Anything을 이용한 자동 마스킹

[그림 24] 100장의 이미지를 자동으로 마스킹 진행한 결과

이렇게 노드를 하나 변경한 것만으로, 워크플로우를 100번 실행하여 100장의 이미지를 얻었으며, 100장의 인물 이미지와 100장의 인물 마스크 이미지로 나누어 총 200장의 이미지를 얻을 수 있었습니다. 워크플로우가 모두 실행되는데 걸리는 시간은 2분이 채 걸리지 않았습니다. 만약 포토샵으로 100장의 인물을 하나하나 작업을 했다면, 과연 몇 시간이 걸렸을까요? 이렇듯 ComfyUI는 저장한 다수의 워크플로우를 조합해 모든 작업을 자동화할 수 있습니다. 예시에서는 단순한 마스킹 작업을 보여드렸지만, ComfyUI에서는 이미지를 생성하고, 편집하고, 보정하는 등의 모든 과정을 코딩 없이 노드의 연결만으로 자동화할 수 있습니다.

✨ 무한 확장성 - 살아있는 UI

AI 기술은 정말 무서운 속도로 발전하고 있습니다. 하루가 다르게 발전하는 속도를 따라가려면, 어떤 툴을 사용하는지가 매우 중요합니다. 앞서 살펴본 바와 같이, 생성형 AI 이미지 기술을 사용할 때는 이미지를 생성뿐만 아니라, 다양한 편집 기술도 함께 사용하게 됩니다. ComfyUI의 첫 번째 장점으로 극한의 작업 효율을 꼽으면서 다양한 기술을 접목한 워크플로우 개념을 설명해 드린 바 있습니다. 여기서는 워크플로우에 대한 개념을 조금 더 확장해 보겠습니다.

[그림 25]는 ❶ 언어 모델(LLM)을 사용해 프롬프트를 작성하고, ❷ 해당 프롬프트를 기반으로 FLUX로 이미지를 생성한 뒤, ❸ FaceSwap 기술을 이용해 생성한 이미지 속 인물의 얼굴을 교체하고, ❹ 마지막으로 MediaPipe Face Mesh 기술을 이용해 표정을 바꾸는 4단계 작업을 워크플로우로 구현한 예입니다. 각 단계에서 사용되는 기술은 모두 AI 관련 기술이며, FLUX로 이미지를 생성하는 단계를 제외하면 모두 기술은 다른 인공지능 모델을 활용합니다.

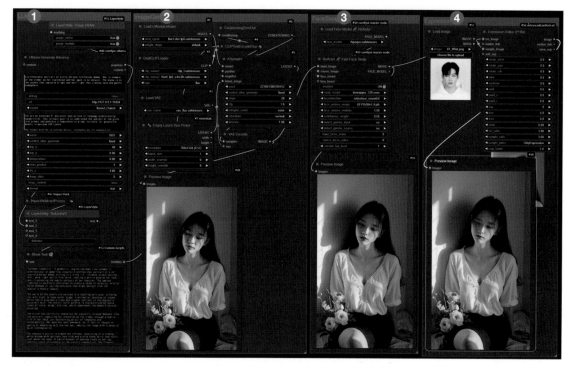

[그림 25] 4단계 이미지 생성 및 편집 워크플로우

LLM-ImageGen   FaceSwap   Expression

[그림 26] 단계별 결과 이미지

이처럼 우리는 ComfyUI라는 단 하나의 한정된 작업공간에서, 이미지 생성은 물론이고, 그 외의 수많은 인공지능 기술을 무한히 덧붙여 워크플로우를 구성할 수 있습니다. 그럼 이런 기술들을 위하여 하나하나 노드를 만들어야만 할까요?

ComfyUI에서는 다양한 AI 기술들을 커스텀 노드(Custom Nodes)라는 확장 프로그램을 통해 설치하여 사용할 수 있습니다. ComfyUI Manager 기능을 이용하면, 이런 커스텀 노드를 매우 쉽게 설치할 수 있으며 중요한 점은 이런 커스텀 노드가 실시간으로 업데이트되고 있다는 점입니다.

많은 오픈소스 AI 기술이 새로 공개되면 자체적으로 해당 기능을 테스트할 수 있는 페이지와 함께 코드를 공개합니다. 전 세계의 수많은 개발자들은 이렇게 코드가 함께 공개된 기술들이 ComfyUI에서 동작할 수 있도록 Custom Node 형태로 배포하며, 이런 기술 중에는 위에서 살펴본 얼굴을 바꾸는 기술, 표정을 바꾸는 기술, 언어 모델, 이미지 생성 모델 등을 모두 포함됩니다.

이 덕분에 우리는 각각의 기술적 백그라운드를 100% 이해하지 않더라도, 또 코딩을 전혀 할 줄 모르더라도, ComfyUI에서는 커스텀 노드 설치만으로 해당 기능을 바로 사용할 수 있을 뿐만 아니라, 기존의 이미지 생성 워크플로우에 자유롭게 통합하여 활용할 수 있습니다.

[그림 27] ComfyUI Manger에서 Custom Nodes를 검색하는 모습

이처럼, ComfyUI는 무서운 속도로 발전하는 AI 기술과 함께 성장해 가는 UI입니다. 기술이 공개되는 속도에 맞춰 ComfyUI와, 그 속의 Custom Nodes들도 항상 함께 업데이트되기 때문에, 마치 살아있는 UI 인공지능 기술 플랫폼과 같은 역할을 하고 있습니다. 언제나 새로운 최신 기술을 적용할 수 있기 때문에 ComfyUI는 단순 이미지 생성 도구를 넘어 AI 기술의 무한한 확장성을 보장합니다.

리소스 관리

ComfyUI는 다른 WebUI들과 비교할 때 리소스 관리 측면에서 뛰어난 장점을 가지고 있습니다. ComfyUI 에서는 새로운 워크플로우가 실행될 때, 이전 실행 정보를 기억(caching)하고, 중복된 작업은 다시 실행하지 않은 채 기존 정보를 재활용합니다. 예를 들어, ComfyUI에서 이미지를 한 번 생성한 뒤, 동일한 설정으로 다 시 워크플로우를 실행하면, 같은 이미지를 다시 생성하는 것이 아니라, 아무 동작을 하지 않습니다. 만약 워크 플로우에 변경점이 생긴다면, 변경된 부분 이후만 새로 작업을 진행하고, 변경점 이전의 정보는 기존 실행 정 보를 활용합니다.

예를 들어 다음의 [그림 28]과 같이 5가지의 단계를 거쳐 이미지를 생성하는 경우를 생각해보겠습니다. 이 전 체 워크플로우에서 프롬프트를 수정하는 경우, 다른 인공지능 모델을 사용하는 것이 아니므로, 모델 로딩은 이미 로딩해 둔 모델을 그대로 사용하고, 프롬프트 입력부터 워크플로우를 다시 실행하게 됩니다.

이미지 자르기만 수정하는 경우라면, 이미지 생성까지의 과정은 유지한 채 이미지의 크기를 다시 변경하게 됩 니다. 이처럼 사용자가 워크플로우를 재실행하더라도, ComfyUI가 파악한 변경점부터 다시 워크플로우를 실 행하기 때문에, 작업시간의 단축은 물론, 불필요한 작업을 최소화하여 시스템 하드웨어를 매우 효율적으로 활용할 수 있습니다.

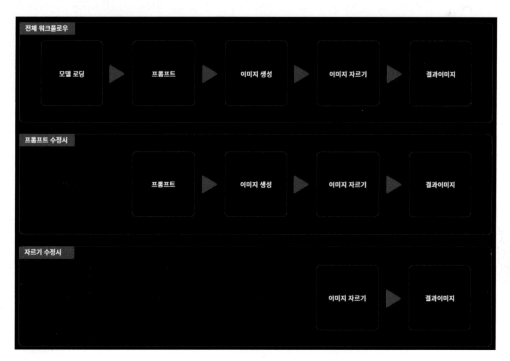

[그림 28] 변경 사항부터 다시 실행되는 워크플로우

CHAPTER

02

하드웨어와
소프트웨어 준비

PC 요구사항

자신의 PC에서 스테이블 디퓨전 구동이 가능한지 여부를 판단하기 위해서는 요구되는 부품별 최소 성능을 알아야 합니다. 특히 Stable Diffusion과 FLUX 등 생성형 인공지능 이미지 모델을 이용해 PC에서 이미지를 생성하는 데 가장 큰 역할을 하는 부품은 그래픽카드(GPU)이며, 사실상 GPU 스펙에 따라 구동 가능 여부가 결정된다고 봐도 무방합니다.

바쁘신 분들을 위해 FLUX를 구동하기 위한 권장 PC 사양을 요약했습니다. 기존 PC를 업그레이드하거나 새로 구입하는 경우 다음 표를 참고하면 도움이 될 것입니다.

☑ 맛보기 사양(GPU만 업그레이드할 경우 추천)

부품	GPU	Power	CPU	RAM	SSD
권장 사항	RTX3060 ▲	600W ▲	8세대 i5 ▲	16G ▲	500GB ▲
참고	VRAM 12G 이상	GPU에 맞게 장착	내장 그래픽 있으면 Good 없어도 그만	VRAM 낮다면 32G 이상 권장	1TB 이상 권장

☑ 다방면 활용 사양(새로 맞추는 경우 추천)

부품	GPU	Power	CPU	RAM	SSD
권장 사항	RTX4070Ti super ▲	750W ▲	12세대 i5 ▲	64G ▲	2TB ▲
참고	VRAM 16G 이상		최신 소켓 1700		

일반적인 환경에서 ComfyUI 위에서 FLUX를 구동하려면, GPU 성능과 충분한 RAM이 충족되어야 합니다. 다음에서는 FLUX 구동에 가장 중요한 GPU를 시작으로 다른 PC 부품까지 중요도 순으로 자세히 살펴보도록 하겠습니다.

GPU

가정에서 운용 중인 PC로 직접 FLUX 및 생성형 인공지능 이미지 모델을 구동하려면, 기본적으로 NVIDIA 그래픽 카드를 사용해야 하며, 최소 RTX3060 VRAM 12G 이상을 권장합니다. 이보다 성능이 낮은 그래픽 카드로도 FLUX 구동은 가능하지만, 이미지 생성 시간이 매우 길어질 수 있습니다. RTX3060 기준으로 FLUX 모델로 1024*1024 해상도의 이미지를 한 장을 생성하는 데 대략 1분이 소요됩니다. 따라서 이보다 낮은 성능은 추천하지 않으며, 본격적으로 인공지능 이미지 생성을 취미나 본업으로 활용할 계획이라면, 최소 RTX 4070 Ti super 이상을 갖추는 것이 좋습니다.

왜 NVIDIA 그래픽카드일까?

전통적으로 컴퓨터의 핵심 연산장치는 CPU였으며, 이는 2025년 현재에도 여전히 사실입니다. 그럼에도 불구하고, 수많은 연산을 처리하는 AI 시대에는 CPU가 더욱 고도화되어야 할 텐데, 도대체 왜 GPU가, 그것도 특정 회사의 GPU가 중요한 것일까요?

그 답은 바로 병렬 행렬 연산, 즉 Tensor 연산에 있습니다. 우리가 열광하는 인공지능은 사실 인공신경망을 구축하는 것에서 시작합니다. 이러한 인공신경망은 수도 없이 많은 데이터를 입력값으로 주고, 각 데이터 간의 연계성의 확률을 계산하고 학습하여 모델을 만들어냅니다. 즉, 공식에 따라 입력값을 주고 출력값을 계산하는 방식이 아니라, 무수히 많은 입출력 데이터를 동시다발적으로 처리하며 그 사이에서 관계성을 스스로 학습하는 방식입니다.

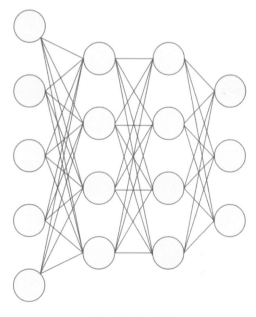

[그림 1] 인공신경망

이 동시다발적 연산, 즉 병렬 연산을 가능케 하는 것이 바로 Tensor 연산입니다. 그림의 신경망에서 각 동그라미의 관계성을 연산하는 작업이 그렇게 어려운 일이 아닙니다. 하지만 CPU는 이 병렬 연산을 하는 데 최적화되어 있지 않습니다. 예를 들어, CPU가 1개의 연산을 하는 데 1초의 시간이 걸린다고 가정하겠습니다. 그런데 연산의 관계성이 100개, 1000개, 심지어 1억 개로 기하급수적으로 증가하면, CPU는 1억 개의 연산을 처리하기 위해 1억 초가 필요합니다. 1억 초는 2만 777시간, 일수로는 1,157일입니다.

반면, GPU의 경우, 1개 연산을 처리하는 데 2초의 시간이 걸리더라도, 동시에 100개의 연산을 할 수 있다면 단순 계산으로도 CPU보다 50배 빠른 작업이 가능한 것입니다. 이처럼 GPU는 병렬 연산을 더 쉽고 빠르게 할 수 있으며, 특히 NVIDIA GPU는 관련 연산에 특화되어 있기 때문에, 대부분의 AI 관련 기술은 표준 개발 환경으로 NVIDIA GPU를 사용하고 있습니다.

그림 생성 속도 - TOMS Hardware

그래픽카드의 연산속도가 좋으면 그림 생성 속도도 빨라집니다. 일반적으로 가정용 그래픽카드는 가격이 비쌀수록 연산 속도가 향상됩니다. 다음은 Tom's Hardware라는 사이트에서 공개한 GPU 벤치마크 비교표입니다.

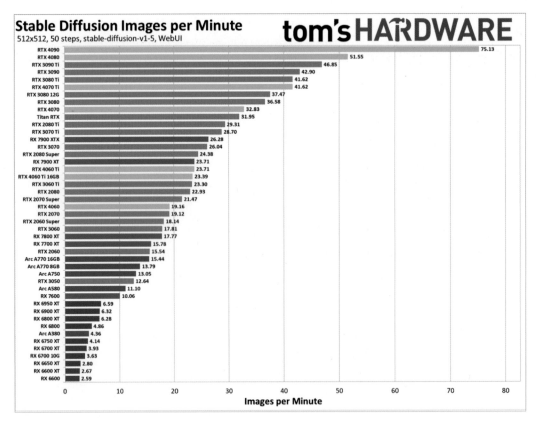

[Ref] https://www.tomshardware.com/pc-components/gpus/stable-diffusion-benchmarks#section-stable-diffusion-512x512-performance

[그림 2] StableDiffusion 1.5 GPU Benchmark

밴치마크는 StableDiffusion 1.5 버전을 기준으로 512*512 해상도의 이미지를 50번의 단계로 생성할 때, 분당 몇 장의 이미지를 만들 수 있는지를 보여줍니다. FLUX와 SD3.5 등의 최근 인공지능 이미지 모델은 이보다 훨씬 많은 연산을 요구하므로 생성 속도가 더 느리지만, 이 자료를 토대로 GPU 간 상대적인 이미지 생성 속도를 대략적으로 비교할 수 있습니다. 현재 가장 많이 사용하는 기종인 4000번 대 GPU만 비교해 보면, 이미지 생성 속도 및 시간은 다음과 같습니다.

GPU	Image/min	1장 생성 시간
RTX 4090	75.13	0.79초
RTX 4080	51.55	1.16초
RTX 4070 Ti	41.62	1.44초
RTX 4070	32.83	1.83초
RTX 4060 Ti	23.71	2.53초
RTX 4060	19.15	3.13초
RTX 3060	17.81	3.37초

RTX4090이 RTX4070에 비해 대략 2배 이상 빠르다는 것을 알 수 있습니다. 즉, 연산속도가 빠른 GPU일수록 이미지 생성 속도도 비례해서 빨라집니다. 이처럼 이미지 생성 속도는 그래픽카드의 연산속도에 따라 달라진다는 사실을 직관적으로 알 수 있습니다.

그러나 연산속도만큼 중요한 요소가 또 하나 있습니다. 바로 그래픽 메모리인 VRAM의 크기입니다. VRAM은 그래픽 카드 전용 메모리로, 일반적인 컴퓨터 메모리에 비해 입출력 속도가 매우 빠릅니다. 게다가 물리적으로 그래픽카드에 붙어있기 때문에, GPU의 연산에 따른 결과 데이터를 바로 옆에서 빠르게 받쳐줄 수 있습니다. 따라서 GPU가 실제로 이미지를 생성할 때는 대부분의 작업을 VRAM 위에 올려두고 합니다.

GPU를 요리사로, VRAM을 주방, 이미지를 피자로 비유하면 조금 더 이해가 쉽습니다. 연산속도가 빠른 GPU는 숙련된 요리사입니다. 음식을 조리하는 데 능숙하기 때문에, 주방만 제대로 갖춰져있다면 빠르게 음식을 만들어낼 수 있습니다. 하지만 아무리 숙련된 쉐프라도 주방이 협소하면 상황이 달라집니다. 필요한 재료들을 주방에 다 두지 못하고 창고로 왔다 갔다 움직여야 한다면, 음식이 나오는 속도는 매우 느려지게 됩니다. 속도만 느려지는 것만이 문제가 아닙니다. 어떤 음식은 아예 불가할 수도 있습니다. 주방의 크기가 너무 작다면 Family size 피자는 아예 만들 수도 없습니다.

넓은 주방(VRAM) 위에서 커다란 피자(고해상도 이미지)를 만드는 숙련된 요리사

협소한 주방(VRAM)에서 작은 피자(저해상도 이미지)를 만드는 숙련된 요리사

[그림 3] 주방(VRAM)에서 피자(Image)를 만드는 요리사(GPU)

즉, GPU의 연산속도가 아무리 빠르더라도 VRAM이 부족한 경우 이미지 생성 속도가 느려질 수 있으며, 그릴 수 있는 이미지의 최대 해상도에도 제한이 걸립니다. RTX 4060 Ti와 16GB VRAM 제품을 구매한 경우라면, RTX 4070 Ti의 12GB VRAM보다 4GB의 더 많은 용량을 활용할 수 있기 때문에 그림 생성 속도는 2배 가까이 느리지만, 그림의 해상도는 더 높게 가져갈 수 있습니다.

GPU	VRAM
RTX 4090	24GB
RTX 4080 Super	16GB
RTX 4080	16GB
RTX 4070 Ti Super	16GB
RTX 4070 Ti	12GB
RTX 4070 Super	12GB
RTX 4070	12GB
RTX 4060 Ti	8GB/16GB
RTX 4060	8GB
RTX 3060	12GB

VRAM 용량이 넉넉하다면 비단 그림의 해상도뿐만 아니라, 다양한 확장 기능을 사용하는 데 도움이 됩니다. 예를 들어, ControlNet이나 디테일러 등을 추가로 활용할 때 VRAM이 부족하다면 사용에 제한이 발생할 수 있습니다. 스테이블 디퓨전이 지금은 정지화상(그림/사진)의 수준에서 발전 중이지만, 본격적으로 영상 생성으로 발전한다면 더더욱 VRAM 용량의 중요도가 올라갑니다.

> 📋 **GPU가 케이스에 안 들어가요!**
>
> GPU의 성능이 좋아지는 반면, 그 크기도 매우 커지고 있습니다. 보통 컴퓨터 케이스는 미들타워, 풀사이즈 등으로 나뉩니다. 중, 저사양 GPU는 미들타워에도 설치할 수 있지만, **4070Ti이상급의 고성능 그래픽카드를 사용하실 예정이라면 케이스와 메인보드(마더보드)를 고르실 때 GPU의 두께와 길이를 고려해서 충분한 공간적 여유를 마련해야** 합니다.

POWER

최근의 그래픽카드는 PC 구성요소 중 전력 소모가 가장 큰 부품으로 자리 잡았습니다. 다음의 표는 GPU별 최대 소비전력과 그에 따른 추천 PC 파워 용량입니다.

GPU	소비전력	추천
RTX 4090	450W	1000W ▲
RTX 4080 Super	320W	850W ▲
RTX 4080	320W	850W ▲
RTX 4070 Ti Super	285W	750W ▲
RTX 4070 Ti	285W	750W ▲
RTX 4070 Super	220W	700W ▲
RTX 4070	200W	700W ▲
RTX 4060 Ti	165W	650W ▲
RTX 4060	115W	600W ▲
RTX 3060	170W	600W ▲

4000번 대 진입하면서 전성비가 매우 좋아졌다고 하지만, 성능이 증가한 것을 감안하더라도 여전히 절대적인 소비전력은 굉장합니다. 특히 생성형 인공지능 모델을 이용해 그림을 생성할 때는 최대 전력을 필요할 수 있기 때문에 꼭 권장 파워 이상을 사용해야 합니다. 파워가 부족하거나, 불안정한 경우, 이미지를 생성 중에 컴퓨터 전원이 나가거나, 혹은 GPU 전원 공급만 차단되면서 화면이 꺼지는 경우가 종종 발생합니다. 한두 차례라면 보통 큰 문제가 없지만, 이렇게 비정상적인 전원 차단이 반복되면 GPU는 물론이고 다른 부품들까지 문제가 발생할 수 있기 때문에, 꼭 안정적인 전원 공급이 가능한 파워를 사용해야 합니다.

❖❖ CPU

생성형 인공지능 이미지 모델을 구동할 때, GPU만큼의 영향력을 갖지 않지만, 보조적인 측면에서 CPU의 성능도 중요합니다. 워크플로우를 구성하다 보면 이미지 생성 외 보조 기능들을 사용하게 되는데요. 예를 들어 인물의 얼굴을 감지하여 마스킹하거나, 이미지로부터 색상 평균을 구하거나, 클립 모델이 프롬프트를 해석하는 등의 작업은 GPU가 아닌 CPU로 구동할 수도 있습니다. 이런 작업에 선택적으로 CPU를 사용함으로써 GPU의 부담을 줄이면, VRAM의 여유를 확보하여 이미지 생성 작업에 더 많은 자원을 할당할 수 있습니다. 따라서 CPU를 새로 구입하신다면 다음 2가지 사항을 참고하여 가급적 최신 인텔 i5 또는 그 이상급으로 구입하는 것을 권장합니다.

① CPU 소켓 사이즈

새로 PC를 맞추신다면 크게 고려할 사항은 아니지만 업그레이드를 고려 중이시라면 기존 메인보드(마더보드)의 CPU 소켓을 확인하고 호환이 되는 CPU를 구입해야 합니다. 현재 2024년 기준 Intel i5 CPU는 1700 소켓 규격입니다.

② 내장 그래픽 여부

내장 그래픽 통합 CPU라면 PC 화면은 내장 그래픽으로 출력하고 스테이블 디퓨전은 GPU로 구동함으로써 GPU의 VRAM을 조금이라도 더 스테이블 디퓨전에 온전히 활용할 수 있습니다.

❖❖ RAM

이전의 SD1.5나 SDXL 버전을 구동할 때는 PC RAM(Memory)의 크기나 성능이 이미지 생성에 큰 영향을 미치지 않았습니다. 그러나 FLUX와 같은 무거운 모델의 경우, VRAM이 부족할 때 PC RAM을 적극적으로 활용하기 때문에, RAM의 속도와 용량에 따라 특정 기술의 구동 가능 여부가 달라질 수 있습니다. 따라서 새로 PC를 맞추는 경우라면 DDR5 64GB 이상으로 구성하는 것이 좋습니다.

SSD

초기 SD1.5 시절에는 모델의 용량이 수 GB 수준이었습니다. 하지만 현재 FLUX의 경우 이미지 품질이 향상된 만큼 모델 하나의 용량이 24GB에 달하며, 여기에 수 GB 수준의 CLIP 모델과, VAE 모델을 별도로 사용해야 합니다. 따라서 SSD의 성능에 따라 모델을 복사하고, 이동하거나 로딩하는 등에 소요되는 시간이 크게 달라질 수 있습니다. SSD는 데이터를 읽고 쓰는 작업을 병렬로 수행하기 때문에, 용량이 클수록 속도가 빠릅니다. 또한, 마더보드에 연결하는 방식에 따라서도 그 속도가 달라지는데요, SATA 방식보다는 M.2 방식이 더 빠른 속도를 보여줍니다. 따라서 여유가 된다면 M.2 1TB 이상의 SSD를 구성하는 것을 추천합니다.

PC 성능에 따른 이미지 퀄리티의 차이?

앞서 권장한 하드웨어 스펙을 소개하면서 간접적으로 말씀드렸지만, 인공지능 이미지 생성을 처음 시작하는 분 중 대다수가 궁금해하는 부분이 있습니다. 과연 컴퓨터 사양이 좋다면 스테이블 디퓨전이 생성하는 그림의 퀄리티도 더 좋아지는가?입니다.

눈치 빠른 분들은 앞 장에서 이미 답을 구하셨을 텐데요, 사실적인 그림을 사람이 직접 그릴 때는 특별한 노력이 필요하지만, 컴퓨터는 2D를 그리든 실사를 그리든 큰 차이가 없습니다. 동일한 모델로 동일한 설정이라면, 그 결과 생성되는 그림은 디테일까지 동일합니다.

RTX 3060

RTX 4070ti

[그림 4] 동일한 설정에 GPU가 달라도 같은 이미지가 생성되는 모습

같은 원리로, 컴퓨터 성능이 아무리 좋다 해서 복잡한 그림을 더 잘 그리는 것은 아닙니다. 즉, 인공지능 모델을 구동할 수 있는 조건만 갖춰진다면, 100만 원 견적의 컴퓨터와 300만 원 견적의 컴퓨터가 생성하는 결과 이미지의 디테일은 동일하다는 것입니다. 차이라면 그림이 생성되는 속도(GPU의 병렬 연산 능력)와, 그릴 수 있는 최대 해상도 또는 적용할 수 있는 추가기능의 여부 등(VRAM 용량)에서 차이가 발생할 뿐입니다.

SECTION 02

ComfyUI 설치

본문에서는 ComfyUI를 설치하는 두 가지 방법에 대해 설명드리고 있습니다.

- **자동 설치(Windows Portable)**: 압축을 해제하는 것만으로 비교적 쉽게 설치할 수 있는 방식입니다.
- **수동 설치**: 파이썬과 Git을 설치한 후, 터미널을 이용해 Git 클론 등의 과정을 거치는 방식입니다.

설치 방식에 따른 기능 차이는 전혀 없으므로 편한 방법을 선택하면 됩니다. 다만, 오픈소스 소프트웨어 특성상 잦은 업데이트와 잠재적 오류가 발생할 수 있으므로, 보다 유연한 대응을 위해 수동 설치 방식을 익혀두는 것을 추천합니다.

설치 전 주의 사항

원클릭 설치 과정에서는 컴퓨터가 자동으로 파이썬(Python), 깃(Git) 등을 설치하고 WebUI 실행에 필요한 기타 제반 사항을 준비해 줍니다. 단, 사용 중인 그래픽카드 드라이버가 오래된 경우, ConfyUI 설치가 완료되더라도 Torch is not able to use GPU 오류 메시지와 함께 ComfyUI 실행이 불가능할 수 있습니다.

따라서 WebUI 설치를 진행하기 전에 반드시 NVIDIA 공식 사이트에서 현재 사용 중인 그래픽카드에 맞는 최신 드라이버를 다운로드하여 업데이트 합니다. 주소로 이동하면, 그래픽카드를 검색한 후 드라이버를 다운로드하여 설치할 수 있습니다.

Torch is not able to use GPU 에러 메시지 → 공식 드라이버 다운로드

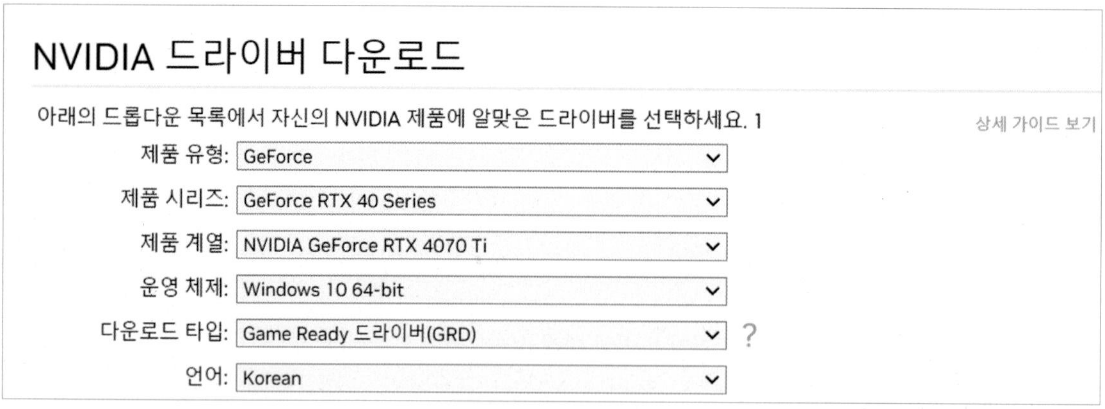

NVIDIA 드라이버 다운로드

아래의 드롭다운 목록에서 자신의 NVIDIA 제품에 알맞은 드라이버를 선택하세요. 1

상세 가이드 보기

제품 유형:	GeForce ⌄
제품 시리즈:	GeForce RTX 40 Series ⌄
제품 계열:	NVIDIA GeForce RTX 4070 Ti ⌄
운영 체제:	Windows 10 64-bit ⌄
다운로드 타입:	Game Ready 드라이버(GRD) ⌄ ?
언어:	Korean ⌄

[그림 5] 그래픽 드라이버 선택

GeForce Game Ready 드라이버

버전:	555.85 WHQL
배포 날짜:	2024.5.21
운영 체제:	Windows 10 64-bit, Windows 11
언어:	Korean
파일 크기:	628.71 MB

다운로드

[그림 6] 그래픽 드라이버 다운로드

❖ ComfyUI 자동(Windows Portable) 설치 방법

자동 설치 방법은 매우 간단합니다. [다운로드] → [압축해제] → [실행]만 하면, 복잡한 설치 과정 없이 바로 ComfyUI를 사용할 수 있습니다.

ComfyUI 깃허브 페이지(https://github.com/comfyanonymous/ComfyUI)에 접속한 뒤 설치 안내 섹션에서 Direct link to download를 눌러 파일을 다운받습니다.

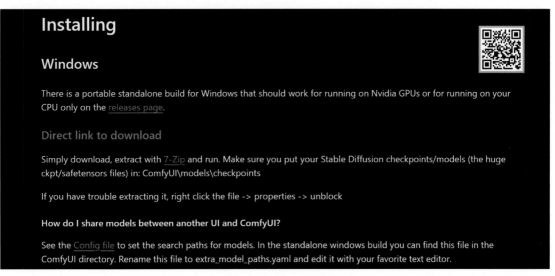

[그림 7] ComfyUI 설치 안내 페이지

파일은 7-Zip형식으로, **7-Zip** 또는 **반디집**을 설치하면 압축해제가 가능합니다. 그 후, [run_nvidia_gpu. bat]를 실행하면 ComfyUI가 실행됩니다.

[그림 8] ComfyUI 압축해제 및 실행파일

⚙️ ComfyUI 수동 설치

ComfyUI는 오픈소스 특성상 자체 버전 업데이트가 매우 잦으며, 커스텀 노드 등의 외부기술을 설치할 경우 버전 호환성 문제로 수동으로 버전 관리를 해야 하는 경우가 종종 발생합니다. 따라서 버전 관리를 직접 하거나, 발생하는 오류에 대응하고, 파이썬 스크립트를 수정하여 활용할 계획이라면, 수동 설치 방식을 익히는 것이 좋습니다. 이를 위해서는 먼저 파이썬과 Git를 설치한 후, ComfyUI 설치를 진행해야 합니다.

⚙️ 파이썬 다운로드 및 설치

ComfyUI를 사용하여 FLUX나 스테이블 디퓨전 모델을 실행하려면, 파이썬으로 작성된 코드가 필요합니다. 따라서 ComfyUI를 실행하기 전에 PC에 파이썬을 먼저 설치해야 합니다. 직접 파이썬 코드를 보는 일은 없지만, 설치 과정에서 환경 변수를 정확히 설정해야 실행에 문제가 없습니다.

파이썬은 개인 사용자는 파이썬을 무료로 사용할 수 있으며, 반드시 3.10.11 버전으로 설치합니다. (3.11 이상 최신 버전은 설치 및 실행 중 에러가 발생할 수 있습니다) 공식 홈페이지에서 Community(무료) 버전으로 설치파일을 다운받아 설치를 진행합니다.

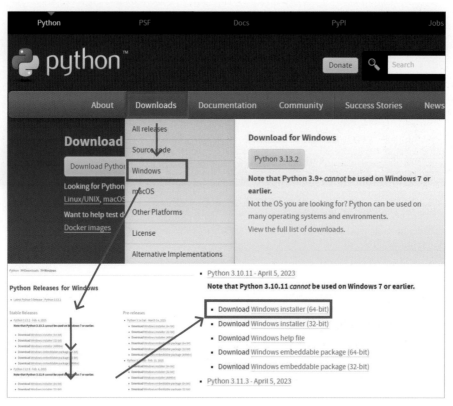

[그림 9] Python 다운로드 페이지

설치파일을 실행한 후 꼭 해야 하는 중요한 설정은 바로 환경변수 경로 추가입니다. *설치 과정에서 'Add python.exe to PATH' 옵션을 꼭 체크한 뒤 설치를 진행해야 합니다.* 이 옵션을 선택하면 환경 변수를 따로 설정하지 않아도 시스템에서 자동으로 파이썬을 변수에 추가해 줍니다.

[그림 10] 파이썬 설치

깃(Git) 설치

깃(Git)은 프로그래머들이 코드 버전을 관리하기 위해 사용하는 툴입니다. 코드 수정과 업데이트가 빈번하기 때문에, 매번 수정 사항을 저장하고 불러오는 것이 여간 귀찮은 일이 아닙니다. ComfyUI는 모든 버전이 깃으로 관리하고 있기 때문에, ComfyUI를 설치하고 사용하며 업데이트를 진행하는 모든 행위는 깃을 기반으로 동작합니다. 따라서 우리도 PC에 깃(무료)을 설치해야 합니다.

깃 설치에 특별히 어려운 점은 없으며 공식 홈페이지(git-scm.com/downloads)에서 설치파일을 다운받은 후 안내를 따라 기본 설정대로 설치를 진행합니다.

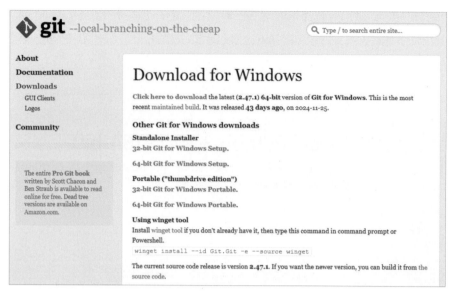

[그림 11] Git 설치

ComfyUI Git Clone

이제 ComfyUI를 설치할 준비가 완료되었습니다. ComfyUI를 설치할 폴더를 만든 후 해당 위치에서 터미널을 실행합니다. 설치 경로에 한글이 포함되지 않도록 하는 것이 좋으며, 바탕화면이나 문서 폴더보다는 C, D, E 드라이브 등에 폴더를 만드는 것이 좋습니다.

예를 들어 D 드라이브에 설치할 경우, D 드라이브로 이동한 뒤, [Shift] + 마우스 우클릭] 후, [터미널에서 열기] 또는 [여기에 PowerShell 창 열기]를 선택합니다.

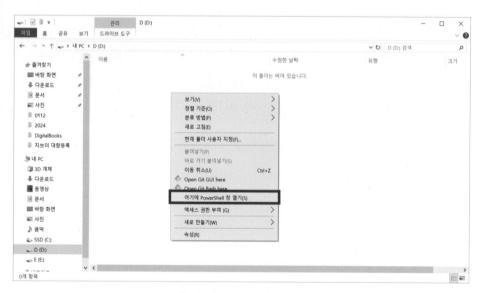

[그림 12] PowerShell 실행 방법

구글에서 ComfyUI를 검색한 뒤, ComfyUI 공식 Github 페이지로 이동하면 페이지 우측 초록색 Code 버튼에서 깃 주소(https://github.com/comfyanonymous/ComfyUI.git)를 복사할 수 있습니다.

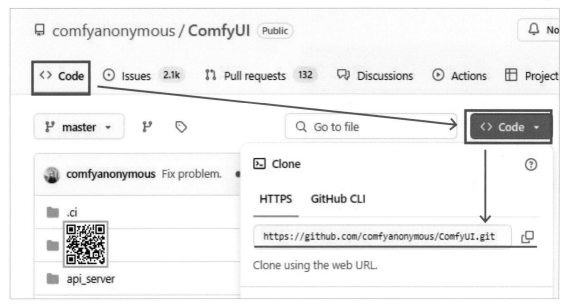

[그림 13] ComfyUI 깃허브 페이지

다시 Windows PowerShell로 돌아와 git clone을 적은 후 복사한 주소(https://github.com/comfyanonymous/ComfyUI.git)를 붙입니다. 그 후 엔터를 눌러 명령어를 입력합니다.

명령어: Git clone https://github.com/comfyanonymous/ComfyUI.git

[그림 14] ComfyUI git clone 명령

Git Clone 명령이 완료되면 ComfyUI 폴더가 생성됩니다. 이제 ComfyUI 실행을 위한 가상환경을 구성해야 합니다. 가상환경이란 ComfyUI가 원활하게 구동되기 위해 필요한 부수적인 패키지들을 특정 공간에 모아 설치하는 것을 의미합니다. 가상환경 구성을 위해 터미널의 현재 위치를 ComfyUI 폴더로 이동하겠습니다.

Git clone이 완료된 모습

ComfyUI 폴더가 생성된 모습

[그림 15] Git clone 완료화면

'cd comfyui'를 입력하여 D 드라이브에서 comfyui 폴더로 이동하거나, 혹은, 직접 comfyui 폴더로 이동한 후 [Shift + 마우스 우클릭]한 뒤, [터미널에서 열기] 또는 [여기에 PowerShell 창 열기]를 선택하여 다시 터미널을 실행합니다.

```
Windows PowerShell
PS D:\> git clone https://github.com/comfyanonymous/ComfyUI.git
Cloning into 'ComfyUI'...
remote: Enumerating objects: 16354, done.
remote: Counting objects: 100% (29/29), done.
remote: Compressing objects: 100% (23/23), done.
remote: Total 16354 (delta 16), reused 6 (delta 6), pack-reused 16325 (from 5)
Receiving objects: 100% (16354/16354), 53.08 MiB | 8.13 MiB/s, done.
Resolving deltas: 100% (10878/10878), done.
PS D:\> cd comfyui    cd comfyui: 현재 위치에서 comfyui 폴더로 진입
PS D:\comfyui>
```

그림 16] 디렉토리 변경

터미널에 가상환경 구성 명령어 ❶ python -m venv venv를 입력합니다. 그러면 ComfyUI 폴더 내에 venv 폴더가 새로 생성됩니다. 이제 ❷ venv/scripts/activate를 입력하여 생성된 가상환경으로 진입하겠습니다.

가상환경에 성공적으로 진입하면 터미널상의 좌측에 ❸ (venv)가 표시되어 가상환경이 정상적으로 활성화된 것을 확인할 수 있습니다.

가상환경 구성 명령어 입력

가상환경 폴더가 생성된 모습

명령어: python -m venv venv

[그림 17] 가상환경 구성

정상적으로 가상환경에 진입한 모습

권한 오류로 진입 실패한 모습

명령어: venv/scripts/activate

[그림 18] 가상환경 진입

만약 가상환경 진입 명령 시 보안 오류가 발생할 경우, 다음 내용을 참고하여 보안 권한을 상승(venv/
scripts/activate)시켜준 후, 다시 가상환경으로 진입합니다.

⚡ PowerShell 보안 오류 대처법

시작표시줄의 찾기에서 PowerShell을 검색한 뒤 관리자 권한으로 실행합니다.

[그림 19] PowerShell 관리자 권한 실행

❶ ExecutionPolicy를 입력하면, 현재 권한설정을 확인할 수 있습니다. 현재 권한이 [그림 20]와 같이 Restricted로 제한되어 있다면, 가상환경 진입이 불가합니다. 그럴 때는 ❷ Set-Executionpolicy RemoteSigned를 입력한 뒤, 뒤따르는 질문에 ❸ 모두 A를 입력하여 예를 선택합니다. 이후 다시 ❹ ExecutionPolicy를 입력하면 권한이 RemoteSigned로 승격된 것을 확인할 수 있습니다.

[그림 20] 실행 권한 설정 변경

Pytorch 및 라이브러리 설치

가상환경에 진입한 상태에서 2번의 명령어 'pip install torch torchvision torchaudio --extra-index-url https://download.pytorch.org/whl/cu124', 'pip install -r requirements.txt'을 통해 pytorch와 파이썬 라이브러리(패키지)를 설치합니다.

명령어: pip install torch torchvision torchaudio --extra-index-url https://download.pytorch.org/whl/cu124

[그림 21] Pytorch 설치

Pytorch 다운로드 용량이 꽤 되기 때문에, 사용하는 인터넷 속도와 컴퓨터 환경에 따라 짧게는 수 분에서, 많게는 십분 이상의 시간이 필요할 수 있습니다.

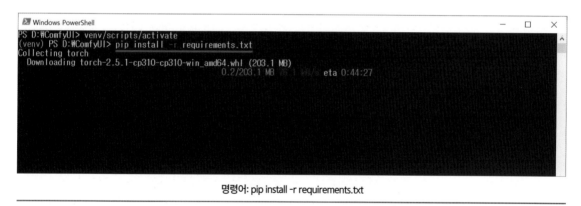

명령어: pip install -r requirements.txt

[그림 22] 파이썬 필요 패키지 설치

파이썬 패키지는 Pytorch에 비해 빠르게 설치가 완료됩니다. 여기까지 설치를 마치면 이제 정말 ComfyUI를 실행할 준비가 완료된 것입니다.

⚙️ ComfyUI 실행

ComfyUI를 실행하려면 위에서 구성한 가상환경 내에서 ComfyUI 설치 폴더 내에 위치한 [main.py] 파이썬 스크립트를 실행해야 합니다. 가상환경에 진입한 뒤 ❶ python main.py 명령어를 입력하면 ComfyUI가 실행됩니다. 터미널 창 하단에 ❷ http://127.0.0.1:8188 주소가 나타나면, 인터넷 브라우저를 열고 해당 주소를 입력합니다. 인터넷에서 ComfyUI가 실행되며 기본 워크플로우가 표시됩니다. 터미널은 ComfyUI를 사용하는 동안 서버로 동작하므로, 사용을 마칠 때까지 종료하지 않도록 합니다.

명령어: python main.py

[그림 23] ComfyUI 실행

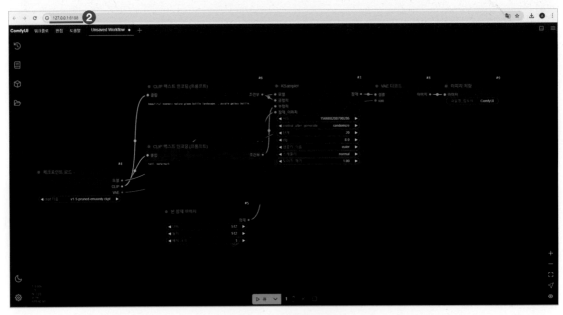

[그림 24] ComfyUI 실행 화면

SECTION 03

ComfyUI Manager 설치

ComfyUI의 다양한 기능과 확장성을 경험하려면 커스텀 노드(Custom Nodes)라는 확장 기능을 추가로 설치해야 합니다. ComfyUI Manager를 설치하면, ComfyUI Manager가 다른 커스텀 노드를 쉽게 설치할 수 있도록 모든 편의 기능을 제공합니다.

아래의 간편 설치 방법 또는 수동 설치 방법 중 한 가지 방법으로 ComfyUI Manager를 설치하고, ComfyUI를 실행합니다.

간편 설치 방법

QR코드를 통해 내려받은 ComfyUI_manager_install.bat 파일을 ComfyUI > custom_nodes 폴더로 이동합니다. 해당 폴더에서 ComfyUI_manager_install.bat 파일을 실행하면 그림XX_b와 같이 터미널 창에을 통해 자동으로 ComfyUI Manager가 설치됩니다.

[그림 25] ComfyUI Manager 설치파일

```
C:\WINDOWS\system32\cm    ×    +    ∨                                              □    ×

D:\ComfyUI\custom_nodes>git clone https://github.com/ltdrdata/ComfyUI-Manager.git
Cloning into 'ComfyUI-Manager'...
remote: Enumerating objects: 18604, done.
remote: Counting objects: 100% (3606/3606), done.
remote: Compressing objects: 100% (341/341), done.
Receiving objects:  88% (16372/18604), 20.82 MiB | 10.40 MiB/s
```

[그림 26] ComfyUI Manager가 CMD 창에서 컴퓨터로 복사되는 모습

설치가 완료되면 [그림27]과 같이 ComfyUI-Manager 폴더가 생성됩니다. 앞서 복사해 둔 설치파일을 제거해 줍니다. 이제 ComfyUI를 실행하면 ComfyUI Manager를 이용할 수 있습니다.

[그림 27] ComfyUI Manager 커스텀 노드가 설치된 모습

수동 설치 방법

먼저 구글에서 'ComfyUI Manager'를 검색한 후, 깃허브 페이지로 이동하여 깃 주소를 확인합니다. ComfyUI Manager의 깃허브 페이지에서 네모 안의 'Git repository' 주소를 복사합니다.

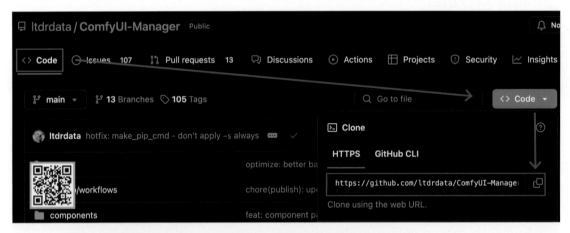

[그림 28] ComfyUI Manager 깃허브 페이지

ComfyUI가 설치된 폴더 내에서 'custom_nodes'라고 적힌 폴더를 찾아 이동한 뒤 터미널을 실행합니다. 이후 git clone 명령으로 ComfyUI Manger를 설치합니다. 터미널에서 git clone을 입력 후 복사한 주소 (https://github.com/ltdrdata/ComfyUI-Manager.git)붙여 넣은 뒤 [엔터]를 누릅니다.

ComfyUI Manger 깃 클론 명령

Git Clone으로 생성된 ComfyUI Manger 폴더

명령어: git clone https://github.com/ltdrdata/ComfyUI-Manager.git

[그림 29] ComfyUI Manager git clone 명령

깃 클론이 완료되면 ComfyUI Manager 설치가 완료된 것입니다. 이제 ComfyUI를 실행하면 ComfyUI 상 단 메뉴바에 'Manager' 버튼이 새로 생성된 것을 확인할 수 있습니다.

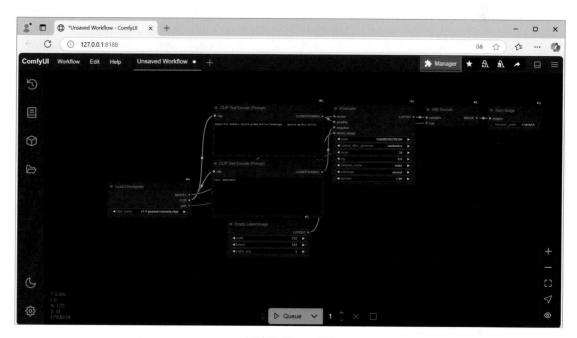

[그림 30] Manager 버튼

'Manager' 버튼을 누르면 ComfyUI Manager Menu 팝업 창이 나타납니다. 이제 Manager 창을 통해 ComfyUI의 다양한 설정 및 커스텀 노드를 설치할 수 있습니다. ComfyUI Manager를 통한 구체적인 커스텀 노드 설치 방법은 Chapter 03에서 다루겠습니다.

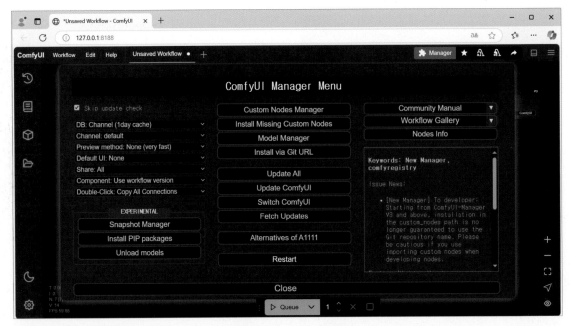

[그림 31] ComfyUI Manger 화면

SECTION
04
모델 설치

ComfyUI에서는 스테이블 디퓨번의 이미지 생성 모델인 SD1.5, SDXL, SD3.0, SD3.5는 물론, FLUX 모델, 영상 모델인 CogVideoX, Pyramide Flow, LTXVideo 등의 다양한 인공지능 모델을 사용할 수 있습니다. 본문에서는 주로 FLUX 모델 기반의 고품질 이미지 생성을 다루면서, 필요시 다른 모델을 활용하고 있으므로, 여기서는 FLUX 모델에 대해서 구체적으로 살펴봅니다. 다른 모델의 설치 방법도 크게 다르지 않으며, 본문의 내용상 필요시 해당 모델 설치 방법에 대해 따로 기술하고 있으므로, 먼저 다음의 안내를 따라 FLUX.1 Dev 모델을 설치하고 진행합니다.

FLUX 모델의 종류

우수한 이미지 품질이란 큰 장점의 이면에는, 무거운 모델이라는 단점이 있습니다. **최초 공개된 FLUX.1 버전의 공식 모델**은 총 세 가지 형태로 존재합니다.

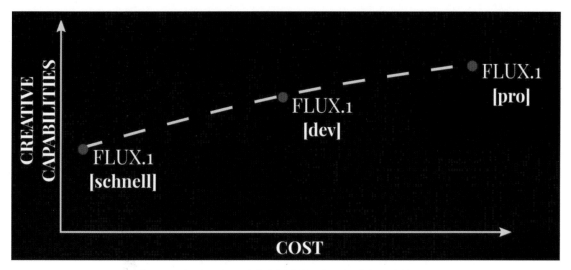

[그림 32] FLUX.1 모델의 이미지 생성 능력 vs 하드웨어 요구사항

- **FLUX.1 Pro**: FLUX.1 시리즈 중 가장 높은 성능의 제품으로 프롬프트 이해, 퀄리티, 출력, 스타일 등 가장 최첨단의 성능을 가진 모델.
- **FLUX.1 Dev**: FLUX.1 Pro의 증류모델*로, 모델의 용량은 최소화하면서도 이미지 품질은 Pro와 비슷한 수준을 유지.
- **FLUX.1 Schnell**: 4스텝 샘플링만으로 이미지 생성이 가능한 가장 빠른 모델이지만, 이미지 품질은 Dev 대비 대폭 하락한 모델.

가장 높은 품질의 이미지를 생성할 수 있는 FLUX.1 Pro 모델은 유료 API로만 사용할 수 있습니다. 즉, 이 모델은 오픈소스로 공개되지 않았기 때문에, 사용자가 직접 모델을 내려받아 사용하는 것이 아니라, 서비스를 제공하는 특정 웹이나 앱 등을 통해서만 이미지를 생성해 볼 수 있습니다.

기존의 SD1.5나 SDXL처럼 사용자가 직접 모델을 다운받아 사용하려면 결국, **오픈소스로 공개된 FLUX.1 Dev 또는 FLUX.1 Schnell 모델을 사용할** 수밖에 없는데요, 두 모델은 이미지 품질 측면에서 큰 차이가 있습니다. Dev 모델이 일반 모델이라면, Schnell 모델은 낮은 스텝으로 빠르게 이미지를 생성하는 Turbo 모델 정도로 이해할 수 있습니다. 단, 저자가 수많은 이미지를 생성해 보고 다양한 테스트를 진행한 결과, FLUX 모델은 품질을 우선으로 여기고 사용하는 모델이기 때문에, 본 책에서는 Schnell과 PRO 모델을 선택지에서 제외하겠습니다.

FLUX.1 Dev 양자화 모델

우수한 이미지 품질을 목적으로 FLUX.1 Dev를 사용하기 위해서는, 이전의 SD1.5나 SDXL과는 비교 불가한 수준의 굉장한 하드웨어 성능이 필요합니다. 최초 공개 시, FLUX.1 Dev 모델의 용량만 24GB에 육박해, 일반 가정용 GPU로는 현존 최고 성능을 발휘하는 RTX 4090조차도 CLIP, VAE와 함께 사용하려면 VRAM이 부족하다는 평가를 받았습니다.

하지만 AI를 연구하는 세상의 수많은 천재의 노력으로, '모델을 양자화(경량화)' 기술이 발전하여, 비슷한 품질을 유지하면서 더 낮은 성능에서도 모델을 구동할 수 있게 되었습니다. 이미 ChatGPT와 같은 고도화된 언어 모델(LLM)에서는 이미 모델을 양자화하는 기술이 널리 사용되고 있었는데요, 생성형 AI 이미지 모델 또한 기술이 발전함에 따라 점차 덩치가 커지면서, 양자화 기술이 접목된 것으로 볼 수 있습니다.

---

*   본모델의 핵심기능을 유지하면서 모델 전체의 크기를 줄이는 머신러닝 기술

*모델의 양자화란, 모델의 연산 정확도를 희생하는 방식으로 전체적인 모델의 하드웨어 요구사항을 경량화하는 것입니다. 이 기술이 어떤 방식으로 양자화가 가능한지 궁금하신 분들은 다음 영상(https://youtu.be/HAokPnETlvY)을 참고하세요.

> *모델의 양자화란, 모델의 연산 정확도를 희생하는 방식으로 전체적인 모델의 하드웨어 요구사항을 경량화하는 것입니다.
>
> (FLUX Schnell vs Dev 인페인트 진행 시 주의 사항 및 GGUF 양자화 모델 활용 방안에 대한 고찰)

현재 가장 대중적으로 사용되는 FLUX.1 Dev 양자화 모델을 이미지 품질 기준으로 정렬했을 때 그 종류와 각 모델 사용 시 권장 GPU(VRAM)는 다음과 같습니다.

Model	Quantization	VRAM
FLUX.1 Dev FP16	Original	24GB 이상
FLUX.1 Dev Q8_0	GGUF	12GB 이상
FLUX.1 Dev FP8	FP8	12GB 이상
FLUX.1 Dev Q6_K	GGUF	12GB 이상
FLUX.1 Dev Q5_K	GGUF	8GB 이상
FLUX.1 Dev Q4_K	GGUF	8GB 이상

다음의 이미지는 FP8을 비롯하여 Q4, Q5, Q8 모델을 이용해 동일 조건에서 생성한 이미지를 비교한 것입니다. 육안상 큰 차이가 보이지는 않지만, 이미지 품질 측면에서, 본 모델인 Dev FP16과 거의 근접한 성능을 보여주는 Q8 버전이 가장 우수하며, 그 뒤를 이어 FP8, Q6~Q5가 유사한 성능을 나타내는 것으로 알려져 있습니다. 따라서 PC 성능이 받쳐준다면, **되도록 Q5 이상 사용을 권장합니다.**

FP8

Q4

[그림 33] FLUX.1 Dev 양자화 모델 이미지 품질 비교

모델다운로드 및 Workflow 구성

먼저 FLUX.1 Dev 모델을 구동하기 위해 다음의 모델을 다운받아 각각의 위치에 맞게 이동해야 합니다.

구분	모델 구분	QR 코드	모델 복사 위치
권장 사항	FP16		/models/diffusion_models
	GGUF (Q5/Q8)		
	FP8		
CLIP 모델	Clip L		/models/clip
	T5xxl		
	T5xxl GGUF		
VAE모델	flux vae		/models/vae

FLUX의 경우, 오픈소스로 모델이 공개되어 있긴 하지만, 사용자 연락처(이메일)를 제공해야 다운로드가 가능합니다. 위 링크를 통해 접속하면 Hugging Face에서 다음과 같이 'You need to agree to share your contact information to access this model' 문구가 나타납니다.

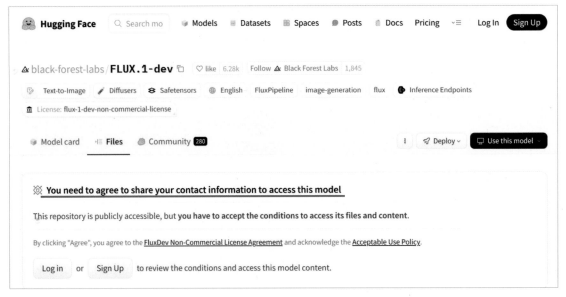

[그림 34] FLUX.1 Dev Hugging Face 다운로드 페이지

해당 페이지에서 로그인 후 정보를 기입하면 모델 다운로드가 가능합니다.

생성 속도가 중요하다면

사용하는 GPU에 따라 다르겠지만, FLUX.1 Dev는 단순 이미지 생성 시간만 수십 초에서 몇 분이 필요합니다. RTX4090을 사용하더라도, 이미지 한 장 생성에 15~20초 내외의 시간이 필요한데요, 만약 RTX4000번대 GPU를 사용하면서, 이미지 생성 속도가 중요한 입장이라면, FP8 모델 사용을 적극 권장합니다.

ComfyUI 실행 시 python mine.py 뒤에 '--fast' 옵션을 붙이면, 약간의 품질 하락은 있지만, FP8 연산 속도가 비약적으로 빨라지기 때문에, 1장 생성에 수초 이상을 절약할 수 있습니다.

[그림 35] --fast option을 주고 실행하는 모습

'--fast' option 적용안함(1.58s/it)   '--fast' option 적용(1.18s/it)

[그림 36] --fast option 적용 유무에 따른 이미지 품질 차이

4070ti 기준으로 위와 같이 샘플링 스텝당 1.58초 → 1.18초로 줄어들었기 때문에, 20스텝으로 생성시 총 31초 → 23초로 약 8초 정도 빠르게 이미지 생성이 가능합니다.

CHAPTER

03

ComfyUI와
친해지기

SECTION 01

워크플로우와 노드의 개념

ComfyUI는 기본적으로 다양한 기능을 가진 노드(Nodes)들을 연결하여 사용합니다. 이러한 기능을 가진 노드들이 연결되어 이미지를 생성하는 일련의 과정을 워크플로우(Workflow)라고 합니다.

화면 상단에는 ComfyUI 매니저, 워크플로우 실행을 담당하는 Queue 버튼 등이 있으며, 좌측에는 노드, 모델 및 워크플로우를 관리하는 라이브러리 메뉴, 테마 토글 버튼, 설정 메뉴가 위치하고 있습니다

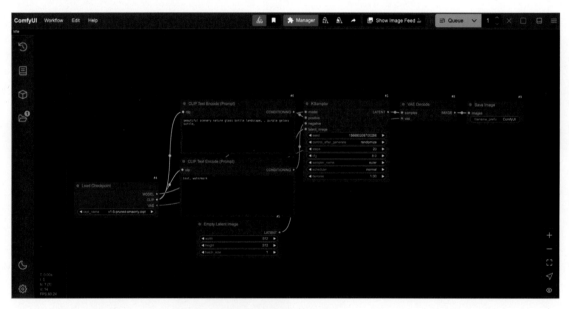

[그림 1] ComfyUI 기본 워크플로우

각 노드는 입출력 단자가 있으며, 선으로 연결됩니다. 워크플로우를 구성하는 노드들은 각각 다른 기능을 하며, 하나 이상의 선이 입력 및 출력될 수 있습니다. 일반적으로 각 노드는 입출력 단을 갖추고 있으며, 이를 통해 입력값과 출력값을 주고받습니다. **노드와 노드를 연결하는 선은 스파게티 또는 누들**이라고 불리며, 이를 통해 이미지, 정수, 모델 등 다양한 데이터가 전달됩니다. 예를 들어 Load Checkpoint 노드는 AI 모델을 로딩하고, CLIP Text Encode 노드는 입력한 텍스트 프롬프트를 임베딩으로 변환하여 케이샘플러(Ksampler)에 전달합니다. 예외적으로 AI 모델 로딩과 이미지 출력, 저장 노드는 입출력 단이 없습니다.

ComfyUI에서는 사용자의 필요에 따라 다양한 기능을 가진 노드를 자유롭게 추가하거나 제거할 수 있기 때문에, 따라서 워크플로우 구성 방식에 따라 단순 이미지 생성부터 이미지 편집, 또는 여러 차례 반복하는 복잡한 동작까지 마음대로 구성할 수 있습니다.

결국 ComfyUI는 노드를 어떻게 다루고, 어떤 순서와 방식으로 워크플로우를 구성하는지가 핵심입니다. 따라서 ComfyUI에서 노드를 검색하고 추가하는 방법, 노드 간 연결을 통해 워크플로우를 구성하는 기초적인 사용법, 그리고 커스텀 노드를 설치하고 활용하는 방법까지 구체적으로 살펴보겠습니다.

SECTION
02

노드 다루기

새로운 노드 생성 및 삭제

노드를 다룬다는 것은 노드를 생성하고, 제거하고, 연결하는 것을 의미합니다. 새로운 노드를 생성하는 방법은 다음과 같이 크게 3가지로 나눌 수 있습니다.

① 빈 곳에서 마우스 우클릭 후 Add Node

② 빈 곳에 마우스 더블클릭으로 노드 명 검색

③ 노드를 복사(Ctrl + C) 후 붙여넣기(Ctrl + V) 또는 연결선까지 붙여넣기 (Ctrl + Shift + V)

노드를 삭제하는 방법 또한 매우 간단합니다. 삭제할 노드를 선택한 뒤 [delete] 또는 [backspace] 버튼을 누르면 삭제됩니다.

[그림 2] 새로운 노드 추가 방법

[그림 3] 노드 복사 및 붙여넣기

위젯(Widget)과 입력(Input)

각각의 노드는 자신만의 기능을 가지고 있습니다. 그리고 그 기능이 동작하기 위해서 다양한 입력값과 출력값을 갖습니다. 이때, 노드에서 설정 가능한 값은 외부에서 입력(input)으로 받거나 혹은, 노드 내에서 직접 위젯(Widget)으로 조정 가능합니다.

ComfyUI 기본 워크플로우의 KSampler 노드를 살펴보면, 총 4개의 입력값으로 model, positive, negative, latent_image를 받으며, 출력으로는 LATENT를 내보냅니다. 위젯으로 직접 조정이 가능한 값은 총 7개로, seed, control_after_generate, steps, cfg, sampler_name, scheduler, denoise입니다.

[그림 4] KSampler 기본 구성

노드 내 위젯으로 수정 가능한 값들은 외부 노드로부터 입력값으로 받는 것도 가능합니다. 예를 들어 KSampler의 seed 값을, 내부의 위젯이 아닌 외부 입력으로 받아오려면, KSampler 노드에서 [마우스 우클릭] → [Convert Widget to Input] → [Convert seed to Input]을 선택합니다. 그 결과, [그림 5]와 같이 기존에 위젯이 사라지고, 대신 seed 입력값이 생성됩니다.

[그림 5] KSampler 위젯을 입력값으로 변경

반대로 입력값을 다시 위젯으로 바꾸려면, KSampler 노드에서 [마우스 우클릭] → [Convert Input to Widget] → [Convert seed to Widget]을 선택하면 seed 값이 다시 위젯으로 바뀌면서 기존의 KSampler 노드로 돌아옵니다.

[그림 6] KSampler 입력값을 위젯으로 변경

노드 연결

기존에 존재하는 노드와 노드 사이를 연결하는 가장 기본적인 방법은 **노드의 출력단(우측 점)을 마우스로 드래그하여 다른 노드의 입력단(좌측 점)에 연결**하는 것입니다. 입력 및 출력단의 점은 색상이 각각 다르며, 일반적으로 **같은 색의 점끼리 연결**할 수 있습니다.

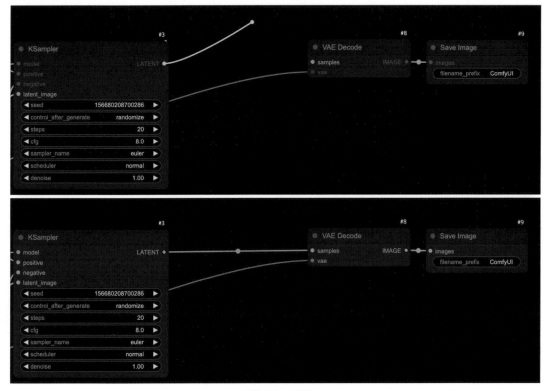

[그림 7] 노드 연결

[그림 7]은 KSampler 노드의 LATENT 출력 점을 VAE Decode 노드의 samples 입력 점으로 연결하는 모습입니다. 노드의 입출력 명칭이 다르더라도, 실제 입출력되는 데이터 타입이 동일하기 때문에, 같은 분홍색으로 연결되고 있습니다.

하나의 노드로부터 새로운 노드로 입력 및 출력해야 하는 경우 다음 그림과 같이 노드 점을 드래그하여 빈 곳에 놓아두면, 우측에 팝업 메뉴가 나타납니다.

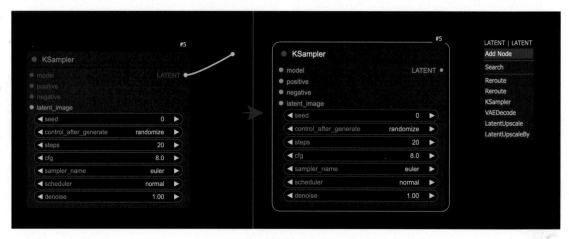

[그림 8] 팝업을 통한 신규 노드 연결

이 메뉴 하단에는 연결 가능한 노드들이 나열되어 있습니다. 예시처럼 KSampler의 LATENT 출력단에서는 'Reroute, 'KSampler', 'VAEDecode', 'LatentUpscale', 'LatentUpscaleBy'등의 노드와 바로 연결이 가능합니다. 연결할 노드를 여기서 선택하면 선택한 노드가 새로 생성되면서 동시에 연결됩니다. 만약 예시와 같이 원하는 새로운 노드가 나타나지 않는다면 Add Node 또는 Search를 통해 직접 새로운 노드를 찾아 추가할 수 있습니다.

노드의 출력값을 다른 노드의 위젯 값으로 연결하려면, 연결할 노드의 위젯을 입력으로 바꾼 뒤 노드를 연결하거나, 출력단을 드래그하여 바로 위젯 앞으로 가져다 놓습니다. 그러면 위젯 앞에 입력 점이 생기고, 마우스를 놓으면 위젯이 입력값으로 바뀌며 연결됩니다.

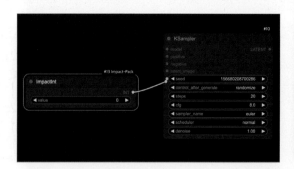 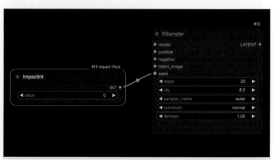

[그림 9] 노드 출력단에서 바로 입력으로 연결하는 방법

⚛ Bypass와 Mute

ComfyUI에서 워크플로우를 구성하다 보면, 특정 노드의 기능을 사용하지 않고 입력값을 그래도 출력으로 전달만 하고 싶을 때가 있습니다. 이럴 때는 Bypass 기능을 이용하여 특정 노드의 기능 사용을 임시로 건너 뛸 수 있습니다.

[그림 10]은 기본적인 Image-to-Image 워크플로우입니다. 프랑스 파리 사진을 입력 이미지로 받은 뒤, FLUX 모델이 해당 사진으로부터 영국 런던 이미지를 생성하도록 구성되어 있습니다. Denoise 값을 1.0 으로 설정했기 때문에, 원본과 완전히 다른 새로운 이미지가 생성된 모습입니다. I2I에 대한 자세한 설명은 Chapter 06에서 확인 가능합니다. 일단 여기서는 입력한 이미지로부터, 새로운 이미지를 생성했다는 사실만 확인합니다.

[그림 10] Image-to-Image 기본 워크플로우

워크플로우에서 KSampler를 Bypass의 상태로 다시 실행해 보겠습니다. 해당 노드를 선택하고 단축키 [Ctrl] + [B]를 누르거나, 노드에서 [마우스 우클릭] 후, 'Bypass'를 선택하면 됩니다.

KSampler가 Bypass된 상태에서 워크플로우를 실행하면, KSampler 노드가 동작하지 않고, 자신이 입력으로 받은 값들을 출력으로 그대로 넘겨줍니다. 여기서는 입력으로 받은 다양한 값 중, latent_image를 출력단의 LATENT로 그대로 넘겨줍니다. 따라서 전체적인 워크플로우를 다시 살펴보면, 입력으로 로드한 파리 이미지가 VAE Encode 노드를 통해 잠재 이미지로 변환되고, 이 잠재 이미지는 아무 영향을 받지 않고 그대로 KSampler를 통과한 뒤, VAE Decode 노드에서 다시 픽셀 이미지로 변환됩니다. 결국 우리 눈에는 입력 이미지가 그대로 출력된 것처럼 보이게 됩니다.

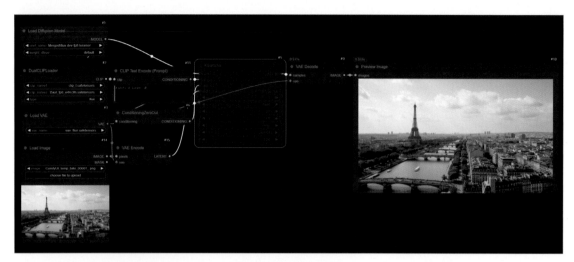

[그림 11] KSampler bypass 예시

특정 노드를 Mute 하려면 해당 노드를 선택한 후 단축키 [Ctrl] + [M]을 누르거나, 노드에서 [마우스 우클릭] 후 'Mute'를 선택하면 됩니다. Bypass와 달리 Mute는 해당 노드가 동작하지 않으며, 입출력 값을 전달하지도 않습니다. 말 그대로 워크플로우가 진행되다가, Mute된 노드를 만나면 그 지점에서 더 이상 진행이 되지 않습니다. 따라서 KSampler를 Mute한다면, 샘플링이 진행되지 않아 LATENT 출력이 VAE Decode 노드의 samples 입력으로 넘어오지 않고, 이에, VAE Decode는 입력값이 들어오지 않았다는 에러 메시지 (VAEDecode: Required input is missing: samples)를 띄우게 됩니다.

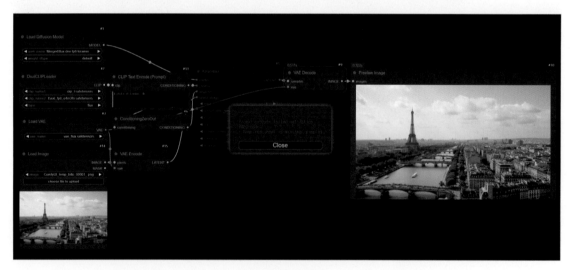

[그림 12] Mute 에러

이처럼 Bypass와 Mute는 모두 특정 노드의 기능을 비활성화한다는 점에서 유사하지만, 워크플로우의 흐름에 미치는 영향이 다릅니다. 따라서 상황에 맞게 사용해야 합니다. 어떤 기능을 사용해야 할지는 실제 경험이 쌓이면서 자연스럽게 익혀나갈 수 있는 부분입니다. 이 부분에 대해서는 추후 실제 워크플로우를 구성하면서 필요할 때 조금 더 자세히 안내해 드리도록 하겠습니다.

SECTION 03 워크플로우 다루기

ComfyUI를 실행할 때마다 워크플로우를 새로 구성하는 것은 매우 비효율적입니다. 기본 워크플로우는 소수의 기본 노드로 구성된 간단한 형태이기 때문에 매번 새로 구성할 수 있지만, 점차 고급 기능들을 추가하고 사용하게 되면 워크플로우가 매우 복잡하고 커지기 때문입니다. 이에 따라 ComfyUI에서는 **사용자가 워크플로우를 저장하고 다시 필요할 때 불러서 사용**하는 기능을 제공합니다.

기본적으로 상단 메뉴의 [Workflow]버튼을 선택하여 새로운 워크플로우를 생성(New)할 수 있고, 기존의 워크플로우를 불러올(Open) 수도 있습니다. 또한 현재 상태에서 워크플로우를 저장(Save) 및 다른 이름으로 저장(Save As) 가능하며, 저장된 워크플로우를 json파일형태로 내보내기(Export) 하여, 자유롭게 공유할 수도 있습니다. ComfyUI를 개발자 모드로 설정하면, Export(API) 메뉴가 활성화되며, 해당 방식으로 워크플로우를 내보낸 뒤, 이를 Python 코드 등에서 실행하는 것도 가능합니다.

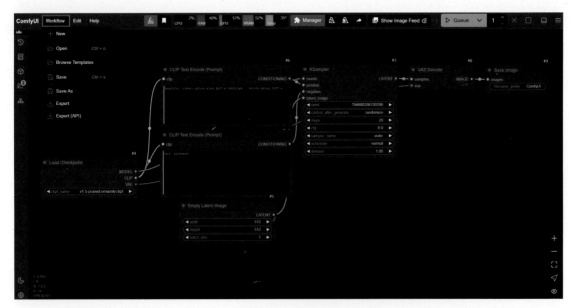

[그림 13] 워크플로우 메뉴

워크플로우 저장 및 정리

저장된 워크플로우 및 현재 작업 중인 워크플로우는 ComfyUI 좌측 사이드바 메뉴에서 빠르게 확인할 수 있습니다.

좌측 메뉴의 [Workflows]를 누르거나, 혹은 단축키 [W]를 누르면 워크플로우를 관리할 수 있는 메뉴바가 팝업됩니다. Open 영역에는 현재 작업 중인 워크플로우가 나타나며, Browse 영역에는 기존에 저장한 워크플로우들이 나타납니다.

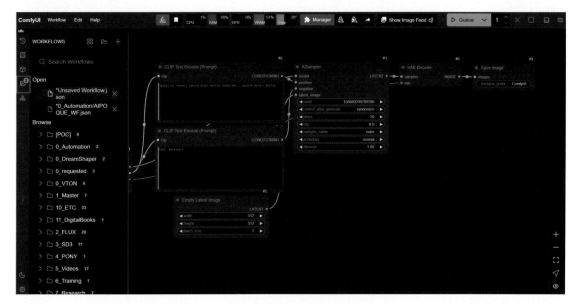

[그림 14] 사이드바 워크플로우 메뉴

또한 ComfyUI 사용 중에 저장한 워크플로우는 ComfyUI → user → default → workflows에 저장됩니다. 여기서 직접 폴더를 구조화하여 워크플로우들을 정리하면, ComfyUI 내에서도 동일한 구조로 정리됩니다.

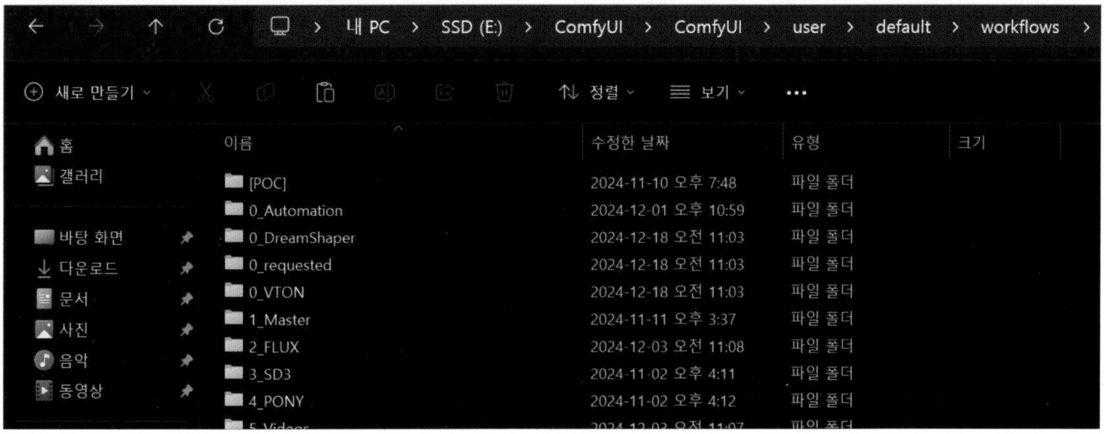

[그림 15] 워크플로우 관리 폴더

워크플로우 내보내기 및 불러오기

ComfyUI 상단 메뉴 Workflow에서 [Export] 버튼을 누르면, 현재 화면 상태 그대로 워크플로우를 json파일로 저장할 수 있습니다. 파일명을 작성한 뒤 Confirm을 누르면, 설정된 다운로드 폴더로 해당 정보를 담은 json파일이 다운로드 됩니다.

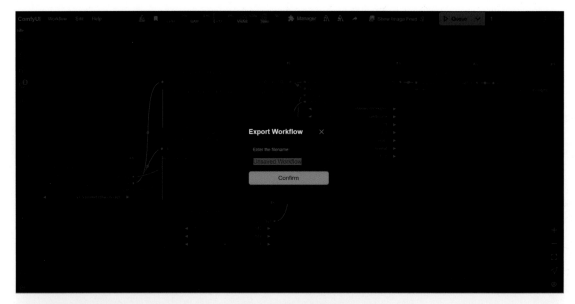

[그림 16] 워크플로우 내보내기

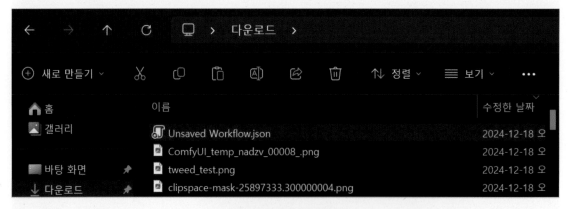

[그림 17] export된 워크플로우

이렇게 다운로드 받은 워크플로우는 다른 사람들과 자유롭게 공유가 가능하며, ComfyUI에서 다시 불러와 사용할 수 있습니다. ComfyUI 상단 메뉴 Workflow에서 [Open] 버튼을 눌러 json파일을 선택하거나, 혹은 json파일 자체를 ComfyUI 화면으로 드래그 앤 드롭(Drag&Drop)하면, 자동으로 해당 워크플로우가 열리게 됩니다.

json파일이 아니라 생성된 이미지 파일을 그대로 ComfyUI 화면으로 드래그 앤 드롭(Drag&Drop)하여 워크플로우를 불러올 수도 있습니다. ComfyUI에서 생성된 이미지는 이미지 메타데이터(metadata)에 워크플로우 정보가 기록되게 됩니다. 즉, 이미지 자체에도 워크플로우에 대한 정보가 고스란히 담겨있기 때문에, 이미지를 다시 ComfyUI로 불러오면 해당 이미지를 생성할 때 당시 워크플로우가 그대로 ComfyUI 위에 나타나게 됩니다.

[그림 18] 드래그 & 드로우로 워크플로우 불러오기

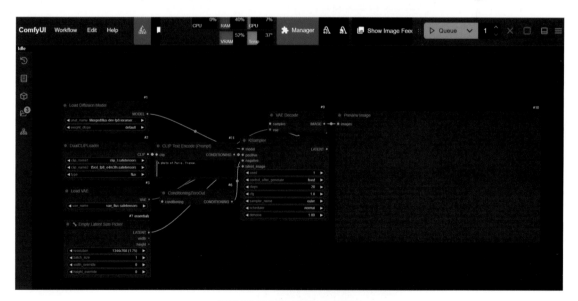

[그림 19] 이미지로 불러온 워크플로우

이제 설정을 건드리지 않고 재현된 워크플로우를 실행해 보겠습니다. 기존 이미지를 생성했을 때의 워크플로우가 100% 동일하게 재현되기 때문에, 이전과 똑같은 이미지가 다시 생성된 것을 확인할 수 있습니다.

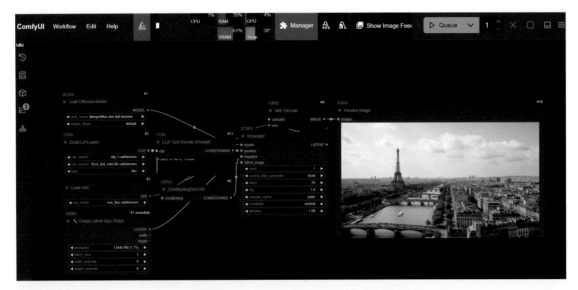

[그림 20] 불러온 워크플로우를 실행하여 이미지를 재현한 모습

Text-to-Image FLUX 워크 플로우

모델을 성공적으로 다운로드하셨다면, 이제 본격적으로 FLUX를 구동하기 위해 다음의 이미지를 참고하여 기본적인 T2I ComfyUI 워크플로우를 구성하겠습니다.

일반적인 Stable Diffusion 모델을 위한 워크플로우에서 아래 4가지 사항만 수정하여 구성하면 됩니다.

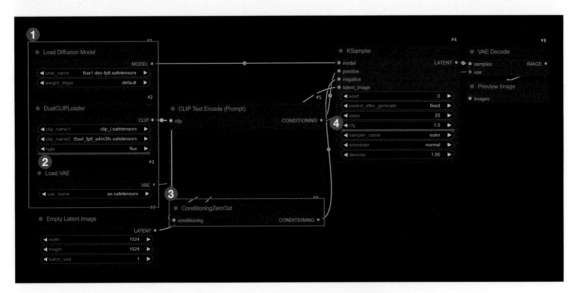

[그림 21] ComfyUI FLUX Text-to-Image 기본 워크플로우

❶ 많은 분들이 실수하는 것은 'Load Diffusion model', 'DualClipLoader', 'Load VAE' 3개의 모델이 모두 묶여 있는 Checkpoint를 사용하는 것입니다. 커다란 모델을 올리고 내리는 과정에서 생성 시간이 지체되거나, 메모리 부족(OOM: Out of Memory) 오류가 발생할 수 있습니다. 기존의 SD1.5, SDXL와 다르게 FLUX에서는 사용자가 개별 모델을 따로 불러옵니다. 만약 VRAM이 부족할 경우, 각각의 모델을 사용한 후 언로딩하는 방식으로 처리합니다.

❷ DualCLIPLoader의 타입을 'flux'로 설정하는 것입니다. FLUX 모델은 텍스트 인코더 모델을 2개 사용하기 때문에, 두 모델을 모두 할당한 뒤 타입을 'flux'로 설정하지 않으면 워크플로우 실행 시 오류가 발생합니다.

❸ FLUX는 부정 프롬프트를 사용하지 않습니다. 하지만 KSampler에서 negative conditioning 입력을 연결하지 않으면 워크플로우가 실행되지 않기 때문에, negative 입력단으로 '값이 없는 입력'을 전달해야 합니다. 이를 가능하게 해주는 것이 바로 ConditioningZeroOut 노드입니다. 만약 이 노드를 사용하지 않으려면, 빈 프롬프트 노드를 연결해도 됩니다.

❹ FLUX에서는 기존의 CFG를 사용하지 않습니다. 따라서 KSampler 위젯에서 해당 값을 기본값인 1.0으로 고정한 뒤 사용하면 됩니다.

GGUF 모델을 사용하는 경우

만약 GGUF 모델을 사용하신다면, ComfyUI Manager를 통해 GGUF 모델을 로딩할 수 있는 커스텀 노드를 설치하신 뒤, Load Diffusion Model과 DualCLIPLoader 노드만 각각 Unet Loader(GGUF), DualCLIPLoader(GGUF)로 바꾸고 나머지는 동일하게 사용하면 됩니다.

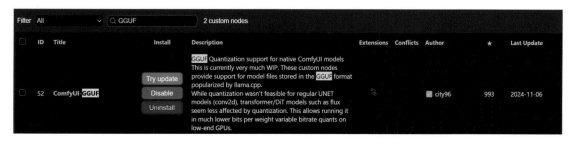

[그림 22] ComfyUI GGUF Custom Nodes 검색 결과

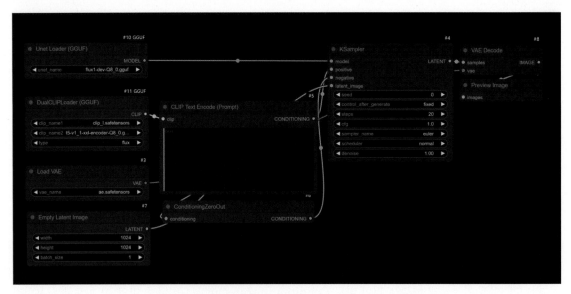

[그림 23] ComfyUI FLUX GGUF 양자화 모델 Text-to-Image 기본 워크플로우

SECTION 04

커스텀 노드 설치

검색 설치

ComfyUI에서는 다양한 AI 기술들을 커스텀 노드(Custom Nodes)라고 불리는 확장 프로그램을 통해 설치하여 사용합니다. ComfyUI Manager란 기능을 이용하면, 이런 커스텀 노드를 매우 쉽게 설치할 수 있습니다. ComfyUI 상단 메뉴의 Manager 버튼을 눌러 ComfyUI Manager를 실행할 수 있습니다.

[그림 24] ComfyUI Manager

중앙의 Custom Nodes Manager 버튼을 누르면 같이 커스텀 노드를 검색하고, 설치 및 제거할 수 있는 화면이 나타납니다.

[그림 25] 커스텀 노드 검색

이미 설치된 커스텀 노드는 업데이트(Try update), 비활성화(Disable), 제거(Uninstall) 3개의 버튼이 나타
나며, 설치되지 않은 커스텀 노드는 설치(Install) 버튼이 나타납니다. 커스텀 노드 설치가 필요할 때는 해당
노드를 검색한 뒤, 간단히 설치(Install) 버튼을 눌러 설치를 진행할 수 있습니다.

[그림 26] 커스텀 노드 설치

대부분의 커스텀 노드는 설치 버튼을 누른 후, 안내에 따라 ComfyUI를 재시작하면서 커스텀 노드 설치를
완료하게 됩니다. 이때 실행 중인 브라우저는 닫지 않아도 되지만, ComfyUI가 실행되고 있는 터미널 창에서
재시작되므로, 브라우저를 새로고침 해줘야 설치 완료된 내용이 ComfyUI에 반영됩니다.

Missing Nodes

ComfyUI를 사용하다 보면, 다른 사람이 공유한 워크플로우의 작업을 이어서 해야 하는 경우가 종종 있습니다. 특히, 신기술이 발표되고 해당 기술이 ComfyUI에 적용되면, 곧이어 새로운 커스텀 노드가 배포되고 이를 실행해 볼 수 있습니다.

하지만 다른 사람이 사용한 커스텀 노드 중에, 내 PC에는 설치되지 않은 것들이 있다면, 워크플로우를 불러왔을 때 'Missing Node Types'와 같은 경고가 뜨게 됩니다.

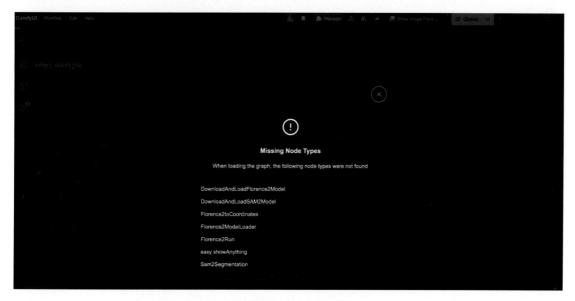

[그림 27] Missing Node Type 경고

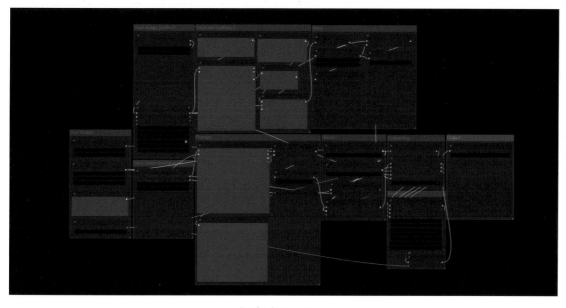

[그림 28] Missing Nodes

이런 경우 워크플로우 실행을 위해 필요한 커스텀 노드를 추가로 설치해야 합니다. 다행히 ComfyUI Manager에서 어떤 노드가 필요한지 알려주기 때문에 곧바로 설치가 가능합니다.

[그림 29]과 같이 ComfyUI Manager로 이동한 뒤, 중앙의 두 번째 메뉴인 [Install Missing Custom Nodes]를 선택합니다.

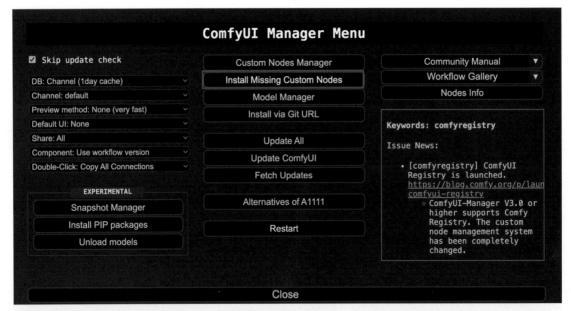

[그림 29] ComfyUI Manager

ComfyUI Manager에서 설치가 필요한 Missing Nodes를 추려 리스트를 보여줍니다. 여기서 커스텀 노드들을 모두 설치한 뒤 ComfyUI를 재시작하면 워크플로우를 정상적으로 실행할 수 있습니다.

[그림 30] Missing nodes 설치

Model Manager(모델 매니저)

ComfyUI에서 단순 이미지를 생성하는 것은 앞서 살펴본 FLUX 모델, CLIP 모델, VAE 모델을 다운받는 것으로 충분합니다. 하지만 이미지를 업스케일하거나, 이미지 내에서 특정 영역을 마스킹하는 등의 작업을 하기 위해서는 해당 기능을 수행하는 인공지능 모델을 추가로 다운로드 받아줘야 합니다.

ComfyUI Manager에서는 커스텀 노드뿐만 아니라, 이런 인공지능 모델도 다운로드 및 관리할 수 있도록 Model Manager 메뉴를 제공하고 있습니다. [Model Manager]를 눌러 진입해 보면 다양한 인공지능 모델들이 등장합니다.

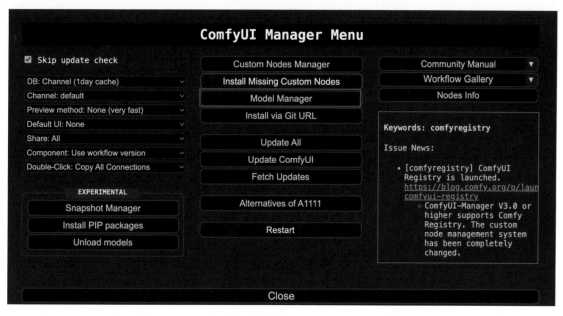

[그림 31] Model Manager

[그림 32] Model검색 및 다운로드

ComfyUI 최초 설치 시에는 따로 추가 모델을 다운받을 필요가 없지만, 추후 커스텀 노드 등을 설치하면서 모델이 요구되는 경우, 해당 메뉴에서 모델명을 검색하여, [Install] 버튼으로 바로 다운로드 받을 수 있습니다.

단축키

아래는 ComfyUI에서 사용 가능한 주요 단축키 리스트입니다. 자주 사용하는 단축키는 미리 익혀두시면 ComfyUI를 활용하는 데 도움이 됩니다.

- Ctrl + Enter↵ : 워크플로우 실행
- Ctrl + Shift + Enter↵ : 실행 중인 워크플로우가 종료 시 현재 워크플로우 실행(대기열 우선 실행)
- Ctrl + Z : 실행 취소
- Ctrl + S : 워크플로우 저장(Json파일로 현재 워크플로우를 저장)
- Ctrl + O : 워크플로우 열기
- Ctrl + A : 모든 노드 선택
- Ctrl + M : 노드 mute
- Ctrl + B : 노드 우회하기
- Ctrl + C : 노드 복사
- Ctrl + V : 노드 붙여넣기
- Ctrl + Shift + V : 노드 연결선까지 붙여넣기

CHAPTER
04

Text-to-Image

첫 이미지 생성

워크플로우는 5페이지의 QR코드로 받을 수 있습니다.

Text-to-Image는 줄여서 T2I라고도 하며, 생성형 AI 이미지의 가장 기본이 되는 기술로, 말 그대로 사용자가 입력한 텍스트를 인공지능이 이해하고, 이를 시각화하여 이미지를 생성합니다. 실제로 실습하면서 익히면 가장 이해가 빠르기 때문에, 먼저 빈 워크플로우를 생성하고, 다음과 같이 노드를 구성해 보겠습니다.

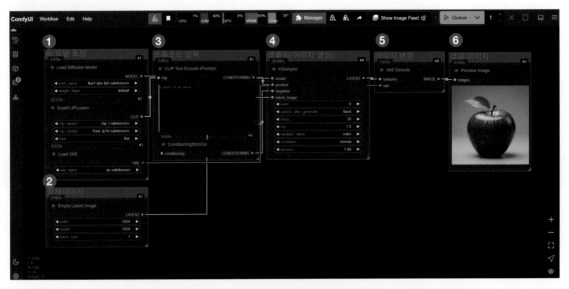

[그림 1] Text-to-Image FLUX 기본 워크플로우

[그림 1]을 참고하여 직접 똑같이 구성해도 되며, 구성이 어려운 분들은 첨부한 워크플로우를 다운받아 사용하기를 바랍니다. 처음 보면 매우 복잡해 보일 수 있지만, 자주 쓰다 보면 금방 익숙해질 수 있으므로 걱정하지 않아도 됩니다. 프롬프트 입력란에 'a photo of an apple'을 입력하고 상단의 [Queue] 버튼을 눌러 이미지를 생성해 봅니다.

다음으로 KSampler 설정값 중에 Seed 번호를 1로 바꿔 생성해 봅니다. 조금 다른 사과가 생설될 것입니다. 같은 프롬프트인데 seed 번호가 바뀌면 왜 이미지가 바뀌는 것일까요? 이번에는 Seed를 다시 0으로 바꾸고 프롬프트를 'a photo of a banana'로 바꿔서 생성해 봅니다. 그럴듯한 바나나가 생성되었는데요, 만약 바나나를 사진이 아닌 그림으로 그리고 싶을 때는 어떻게 해야 할까요? 혹은 더 복잡한 사진을 만들고 싶을 때는 어떻게 해야 할까요? 우선 디퓨전 모델이 이미지를 생성하는 과정을 바탕으로 기본 노드들의 기능을 차근차근 순서대로 함께 살펴보면서 그 해답을 함께 찾아보겠습니다.

seed: 0
prompt: a photo of an apple

seed: 1
prompt: a photo of an apple

seed: 0
prompt: a photo of a banana

[그림 2] 프롬프트와 시드값에 따른 그림 변화

기본 노드 그룹

① AI 모델 로딩 그룹

모델 로딩 그룹에는 각각 Diffusion, CLIP, VAE 모델을 로딩하는 3개의 노드가 있습니다. 우리는 FLUX를 구동하기 위해, Diffusion Model에서 FLUX.1 Dev 모델을 불러옵니다. FLUX는 CLIP_L과, T5xxl 모델을 사용합니다. 두 클립 모델의 차이점과 활용 방법에 대해서는 '3.2 서술형 프롬프트의 이해'에서 조금 더 자세히 다루도록 할 테니 지금은 이런 것이 있다는 정도만 확인하고 넘어가겠습니다. 마지막으로 FLUX용 VAE 모델을 로드합니다.

② 잠재 이미지

빈 도화지를 생성해 전달하는 역할을 합니다. 사용자가 원하는 해상도를 width, height에 입력합니다. batch_size를 늘리면 한 번에 다수의 이미지를 생성할 수 있습니다. 디퓨전 모델마다 학습을 진행할 때 사용한 이미지의 해상도가 다릅니다. SD1.5는 512*512, SDXL은 1024*1024 크기의 이미지들이 학습에 사용되었기 때문에, 학습한 이미지와 같은 크기를 생성하는 것이 가장 좋습니다. FLUX는 512~1024 사이의 다양한 해상도를 갖는 이미지로 학습되어 있기 때문에, 512*512~1024*1024 수준의 해상도 내에서 설정하는 것이 최적화된 이미지를 생성할 수 있습니다.

③ 프롬프트 입력 그룹

이미지에 어떤 내용을 채워 넣을지 텍스트로 작성하는 곳입니다. CLIP Text Encode라는 노드에 사용자가 텍스트 프롬프트를 입력하면, CLIP 모델이 이를 임베딩 벡터로 변환하여 FLUX 모델에게 전달합니다. 이미지 생성을 어떻게 해야 할지 조건을 정하는 역할을 하여, conditioning이란 이름으로 출력되는 것을 확인할 수 있습니다. 우리가 사용하는 FLUX.1 Dev 모델의 경우 긍정 프롬프트(positive)만 사용 가능합니다.

④ 샘플링

로딩된 FLUX 모델, 빈 잠재 이미지, 그리고 사용자 프롬프트가 KSampler 노드로 전달되면, 해당 노드에서 FLUX 모델이 빈 잠재 이미지 위에서 사용자 프롬프트를 기반으로 이미지를 생성합니다. Chapter 01에서 살펴본 바와같이, 노이즈로부터 단계를 거쳐 이미지를 생성해 내는 과정이 여기서 일어납니다. 노이즈를 제거하는 단계마다, 단계별 노이즈가 제거된 샘플을 넘겨받는다는 의미에서 이미지 생성 과정을 샘플링이라고 표현합니다.

⑤ 이미지 변환

VAE 모델이 샘플링을 마친 잠재 이미지를 현실 이미지로 변환(디코딩)합니다.

⑥ 결과 이미지

생성된 이미지를 반환합니다.

주요 사용자 설정 노드와 해상도

전체 과정에서 우리가 실제로 Text-to-Image로 이미지를 생성할 때 설정값으로 영향력을 행사할 수 있는 노드는 Empty Latent Image(잠재 이미지), CLIP Text Encode(프롬프트 입력), Ksampler(샘플링)으로, 각각 이미지의 해상도, 프롬프트, 이미지 생성 세부 설정을 할 수 있습니다.

[그림 3] Text-to-Image 주요 사용자 설정 노드

해상도의 경우 사용자의 의도에 따라 비교적 자유롭게 설정이 가능한 부분입니다. 단, 앞서 말씀드린 대로, 인공지능 모델이 학습한 이미지 해상도가 정해져 있기 때문에, 그 범위를 너무 벗어나게 되면 생성 이미지의 품질도 장담할 수 없습니다. 따라서 처음에는 1024*1024 해상도로 먼저 연습을 해보는 것이 좋습니다. 가로세로 비율을 다르게 적용해 보고 싶다면, 직접 그 값을 입력하는 것도 좋지만, 커스텀 노드를 활용하면 훨씬 빠르고 편하게 설정이 가능합니다.

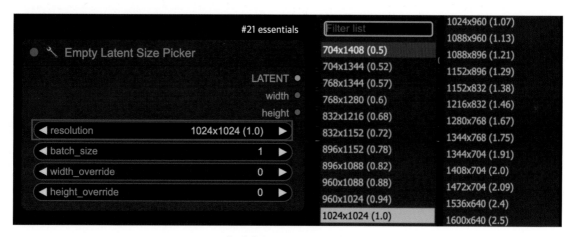

[그림 4] Empty Latent Size Picker

[그림4]와 같이 Empty Latent Image를 대신해 Essentials 커스텀 노드의 Empty Latent Size Picker 노드를 추가하면 노드의 첫 번째 위젯인 resolution 설정을 통해 다양한 비율의 해상도를 마우스 클릭으로 간단하게 설정할 수 있습니다.

프롬프트의 이해

앞서 예시에서 함께 생성해 본 사과나 바나나의 경우, 단일 주제가 명확하기 때문에, 프롬프트 작성에 큰 고민이 필요하지 않았습니다. 하지만, 조금 더 복잡하고, 정교한 컨트롤이 필요한 이미지를 생성할 때는 프롬프트를 어떻게 작성하느냐가 매우 중요한 요소가 됩니다.

기존에 SD1.5 또는 SDXL을 사용한 분들은 이미지에 필요한 요소들을 단어로 나열하거나, 혹은 몇 줄의 짧은 문장으로 프롬프트를 작성하는 것에 익숙할 것입니다. 하지만 최근 출시된 SD3나 FLUX 모델의 경우, 프롬프트 이해도가 대폭 상승하여, 수십 줄의 장문의 프롬프트를 입력받아도 무리 없이 이를 이미지로 생성해 줍니다. 도대체 어떤 원리로 더욱 프롬프트를 잘 알아듣는 것일까요? 그 답은 바로 CLIP 모델에 있습니다.

ComfyUI에서 먼저 CLIP Text Encode를 검색해 보면 최상단에 기본 프롬프트 노드가 나타나고, 그 아래로 모델별로 다양한 Text Encoder 노드가 보입니다.

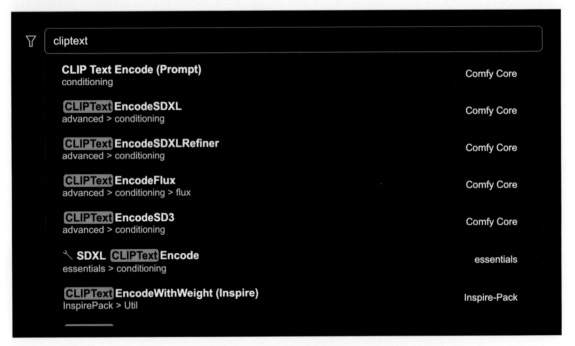

[그림 5] 다양한 CLIP Text Encode 노드

기본 Text Encoder와 함께 비교를 위해 SDXL과 FLUX용 노드를 모두 살펴보면, 실제로 프롬프트를 입력하는 공간에 힌트 메시지가 적혀있습니다. 기본 노드에서는 단순히 'text'라고 표시되지만, SDXL과 Flux에는 각각, 'text_g'와 'text_l', 'clip_l'과 't5xxl'로 나타납니다. 즉, SDLX과 FLUX는 2개의 클립 모델을 사용하기 때문에, 각각의 클립 모델에 다른 프롬프트를 입력할 수 있습니다.

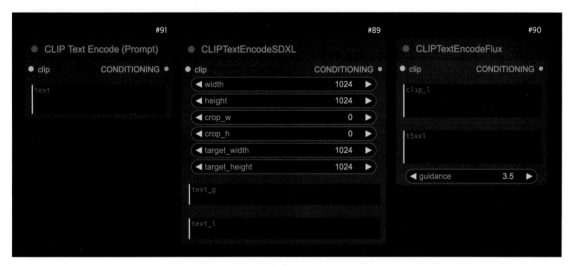

[그림 6] 디퓨전 모델에 따른 Text Encoder 노드 예시

모델별로 사용하는 클립 모델과 클립 모델이 한 번에 받아들이는 최대 토큰을 비교하면 다음의 표와 같습니다. 토큰은 사용자가 입력한 문장에서, 문장을 구성하는 단어들을, 컴퓨터가 알아들을 수 있는 최소 단위로 나눈 것을 의미합니다. 단순히 최대 토큰만 놓고 보더라도, Clip l, g와 비교해 보면, T5xxl 모델이 대략 3배 이상 많은 토큰, 즉 프롬프트를 받아들일 수 있습니다. 구글의 T5xxl 클립 모델은 Clip l, Clip g와 비교하면 이미 모델의 학습량에서부터 차이가 크게 벌어지기 때문에, T5xxl을 사용하는 SD3 이상 또는 FLUX 모델이 서술형 프롬프트를 훨씬 잘 알아듣는 것은 당연한 결과입니다.

구분	SD1.5	SDXL	SD3~3.5	FLUX	MaxToken	형식
Clip l	O	O	O	O	77	단어
Clip g		O	O		77	단어 + 문장
t5xxl			O	O	256	서술형

하지만 FLUX에 항상 서술형 프롬프트를 써야하는 것은 아닙니다. 확인하였듯이 FLUX는 Clip l도 활용하기 때문에, 기존의 스테이블 디퓨전에서 작성하던 방식대로 프롬프트를 입력하더라도 정상적으로 이미지가 생성됩니다. 조금 더 정교한 이미지를 생성하는 경우, Clip l에는 짧게 핵심을 요약한 프롬프트를 입력하고, T5xxl에는 조금 더 구체적인 장문의 프롬프트를 입력하는 것이 좋습니다. 만약 기본 ClipTextEncode 노드를 이용해 하나의 프롬프트만 작성한다면, Clip l과 T5xxl모두에게 동일한 프롬프트를 넘겨주게 됩니다.

프롬프트 예시

요약(Summary): A 24-year-old Korean woman stands poised in a surreal floral landscape with colossal, iridescent blooms that shimmer with an otherworldly sheen. The sky above is a maelstrom of swirling clouds with vibrant hues. The woman has an ethereal beauty, radiating serenity and peace.

장문(Detailed): The subject of this photograph is a Korean woman, approximately 24 years old, standing poised in the midst of an extraordinary floral landscape. The field she occupies is comprised of colossal, mutated blooms, each measuring several meters in diameter and sporting iridescent petals that shimmer with an otherworldly sheen. The flowers' colors are a kaleidoscopic mix of purples, blues, and pinks, as if infused with the essence of sunsets and fireflies. Their petals seem to be twisted and contorted, giving them a dreamlike appearance reminiscent of surrealist art.

The sky above is a maelstrom of swirling clouds that defy conventional meteorological standards. These are not the soft, white cumulus clouds typically seen in nature; instead, they're vibrant and alive with hues that range from electric blue to blazing orange. They twist and turn around each other like living serpents, their edges torn and frayed as if caught in a fierce whirlwind. The clouds appear almost three-dimensional, giving the impression that they could reach out and touch the protagonist at any moment.

The woman herself is a striking figure, radiating an ethereal beauty that complements the surreal landscape around her. Her body appears translucent, as if illuminated from within, with light passing through her skin to create a soft, luminescent glow. She stands tall, her feet shoulder-width apart on the flower-covered ground, her arms relaxed at her sides. A delicate smile plays on her lips, exuding an aura of serenity and peace.

At the center of her chest lies a glowing orb that pulsates with a soothing light, its rhythm synchronized with the beating of her heart. This luminous entity emits rays that stretch towards the sky, intermingling with the swirling clouds above. The colors of the orb blend seamlessly into those of the surrounding environment, creating an effect where it's difficult to discern where the woman ends and the world around her begins.

In terms of composition, consider positioning the woman off-center within the frame, allowing the eye to wander towards the vibrant flowers and then back to her. This creates a sense of dynamic tension between the subject and the surrounding environment. The lighting should be soft yet dramatic, capturing the play of shadows across the distorted petals of the flowers and accentuating the pulsing orb at the woman's chest.

For style, aim for an image that blends ethereal beauty with an air of mysticism. Think of capturing the essence of a dreamworld where reality is subtly warped and nothing seems impossible. Use colors that are both vibrant and soothing, evoking feelings of serenity while maintaining an element of surprise. The overall mood should be enigmatic yet inviting, as if inviting the viewer to step into this strange and wonderful world alongside the Korean woman.

다음은 장문의 프롬프트(Detailed)와, 이를 요약한 프롬프트(Summary)를 각각 Clip l, T5xxl 모델에 제공했을 때 Flux.1 Dev FP8 모델이 생성해 주는 이미지를 비교한 결과입니다.

각각 맞게 사용했을 때	둘 중 하나만 사용했을 때	둘 다 동일하게 입력했을 때

T5xxl: 장문
Clip l: 요약

T5xxl: 장문
Clip l: 작성 안함

T5xxl: 장문
Clip l: 장문

T5xxl: 작성 안함
Clip l: 요약

T5xxl: 요약
Clip l: 요약

[그림 7] 프롬프트 사용에 따른 이미지 차이

결과 이미지에서 확인 가능하듯, 결국 각 클립에 맞게 Clip l에는 요약문을, T5xxl에는 장문의 프롬프트를 넣었을 때와, 두 클립에 모두 장문의 프롬프트를 넣었을 때의 결과는 거의 동일합니다. 반면 Clip l을 사용해 요약 프롬프트만 적용했을 때는 전반적으로 아예 다른 느낌의 이미지가 생성되었고, 둘 모두에게 요약 프롬프트를 입력한 경우, 대략적인 느낌은 원본을 따라가지만, 디테일을 놓치는 모습을 보여줍니다. 우리는 이 결과로부터 다음 두 가지 사항을 알 수 있습니다.

1. FLUX에서는 T5xxl 클립의 영향력이 Clip l에 비해 상당히 강하게 작용
2. Clip l, T5xxl에 모두 서술형 장문 프롬프트로 작성하면 워크플로우가 간단함

한편, 디테일을 살려 예시와 같이 장문의 서술형 프롬프트를 작성하면, FLUX가 대부분의 내용을 최대한 이미지에 반영하여 높은 품질의 결과물을 생성할 수 있습니다. 하지만, 꼭 장문의 프롬프트가 아니더라도, 간단한 1~2줄의 문장에 핵심만 전달하는 것으로도 충분히 만족스러운 고품질 이미지를 얻을 수 있습니다. 더 이상 SD1.5, SDXL을 사용하던 시절처럼 퀄리티 태그를 적어줄 필요 없이, 다음과 같이 핵심만 적어주면 됩니다.

extreme closeup of a pretty Korean woman with detailed skin texture

a detailed still life

a man in black walking along the street in Paris.

a cute puppy playing in the green park

a dragon flying over erupting volcano

a cherry blossom closeup photo

[그림 8] 간단한 프롬프트로 생성한 다양한 이미지

결론적으로, 서술형 프롬프트를 작성할 때는, 그 길이와 상세함과 관계없이 Clip l과 T5xxl에 모두 동일한 프롬프트를 입력하면, 워크플로우를 간단히 구성하면서도 충분히 고품질의 이미지를 얻을 수 있습니다.

뛰어난 프롬프트를 작성하기 위하여

프롬프트를 잘 알아듣는 FLUX라지만, 그럼에도 프롬프트에 구조를 갖춰주면, 사용자가 원하는 방향으로 이미지를 생성하는 데 조금 더 도움이 됩니다. 먼저 프롬프트의 구조를 갖추기에 앞서 프롬프트에 어떤 내용을 반영할지부터 고민해 봐야 합니다. 이미지 생성하는 과정을 사진을 찍는 것에 비유하였을 때 중요한 6가지 요소와 좀 더 디테일한 구성으로 프롬프트를 구분하겠습니다.

[그림 9] 프롬프트의 구성

개인적인 구분일 뿐, 취향에 따라 이보다 더 세세하게, 혹은 더 큼직하게 구성해도 괜찮습니다. 이렇게 프롬프트를 구분한 뒤, 각 역할에 맞는 내용들을 작성해 주면, FLUX를 통해 뛰어난 이미지를 생성할 수 있습니다. 그럼, 각각 어떤 내용들을 작성할 수 있으며, 해당 내용이 이미지에 어떤 영향을 주는지 살펴보겠습니다.

종류(스타일)

먼저 생성하려는 이미지가, 실제 사진인지, 2D 일러스트레이션인지, 3D 렌더링인지 등에 대해 정보를 제공해야 합니다. 일반적으로 FLUX는 아무 정보가 없이 이미지에 대해 묘사하면, 실사 이미지를 생성합니다.

an office

A photo of **an office**

A 2D anime style of **an office**

A sketch of **an office**

A 3D isometric rendering of **of an office**

A A 3D rendering of **an office**

[그림 10] 다양한 스타일의 오피스 이미지

모두 똑같은 사무실 이미지이지만, FLUX는 스타일에 대한 정보가 아예 없을 때는 기본적으로 실제 사진 같은 이미지를 생성합니다. 이외 스타일을 명시해 주면, 해당 스타일에 맞게 이미지가 바뀌는 모습입니다.

구도(카메라 앵글 및 촬영 기법)

그림을 그리거나, 사진을 제대로 공부하지 않았더라도, 우리는 살면서 수많은 시각 자료를 보고 자랐기 때문에, 눈에 익은 구도가 있습니다. 셀프 카메라처럼 인물이 화면 중앙에 위치하는 특별한 경우도 있지만, 그 외의 보통의 상업사진은 주제가 되는 주된 피사체의 위치에 따라 전체적인 느낌과 분위기가 달라집니다. 예를 들어 전통적으로 사진 분야에서는 **프레임 속의 ⅔ 지점**에 **피사체**를 두는 것이, 단조로움을 피하면서도 안정감을 갖기 때문에, 입문자들의 **기본 구도**로 알려져 있습니다. 이미지를 예로 들어보겠습니다.

standing woman

woman leaning on the wall on the right

[그림 11] 피사체의 위치에 따른 구도 차이

인물의 위치를 특정해 주지 않으면, FLUX는 대부분의 이미지에서 인물을 중앙에 생성합니다. 프롬프트 속에서 단순히 'standing woman'을 입력했을 때는 이처럼 인물이 중앙에 나타납니다. 물론 실제로도 사진을 촬영할 때 인물을 이렇게 중앙에 배치하는 경우도 있습니다. 하지만 생성하는 모든 이미지 속 인물들이 중앙에만 위치하면 재미가 없습니다.

많은 상업사진이 피사체를 한쪽 측면 ⅔ 지점에 위치시켜 두기 때문에, 우리 눈 또한 이런 이미지에 조금 더 익숙해져 있습니다. 따라서 프롬프트 상으로 'on the left', 'leaning on something on the right' 등 주 피사체를 측면으로 두는 문구를 입력하면, 조금 더 다이나믹한 사진 느낌을 낼 수 있습니다.

다음의 이미지는 실제로 이미지의 3분할 지점을 선으로 그어 비교한 결과입니다. 아마 스마트폰 카메라 어플이나, DSLR로 촬영 시 Grid 기능을 활용하는 분들은, 화면 위에 3분할 가이드 선이 나타나는 것을 아실 텐데요, 실제로 그리드를 활용해 피사체가 ⅔ 지점 부근에 위치하도록 구도를 잡고 촬영하면, 사진의 느낌이 살아납니다.

standing woman

woman leaning on the wall on the right

[그림 12] 3분할선 위에서의 피사체의 위치

피사체가 중앙에 위치하는 경우는 보통 이미지 내에서 시선을 모두 피사체 자체에 집중시키고자 할 때 사용됩니다. 하지만 사진을 촬영할 때 배경의 아름다움을 함께 담고 기억하려면, 인물을 한쪽으로 위치하고, 남은 공간에 배경을 배치함으로써, 이미지를 보는 사람이 선택적으로 시선을 좌우로 옮겨가며 인물과 배경의 디테일을 모두 관찰할 수 있도록 유도할 수 있습니다.

한편, 이런 기본구도가 아니더라도, 인물이 정 중앙에 배치되는 단조로운 구도를 벗어나면, 훨씬 더 이미지가 자연스럽게 느껴집니다. 특히 피사체 중심의 사고를 벗어나 카메라 시선을 바꿔보면 더더욱 다이나믹한 이미지를 생성해 볼 수 있습니다. 다음 이미지는 피사체보다 카메라 중심으로 다양한 구도를 시도할 때 얻을 수 있는 예시를 보여주고 있습니다.

High Angle

Low Angle

Over the Shoulder

Closeup

Wideshot

Panning shot

[그림 13] 카메라 각도 및 촬영 기법에 따른 구도 차이

일반적인 정면 촬영 이미지에 비해 카메라가 위에서, 혹은 아래에서 촬영했을 때의 이미지가 전달하는 긴장감이 훨씬 크게 다가옵니다. 심지어 인물이 정중앙에 있더라도, 이때는 인물의 디테일이 주제가 아니라, 카메라의 시선 자체가 만들어내는 느낌이 더 큰 주제가 될 것입니다.

간단한 예를 들어, Low Angle로 생성한 인물의 경우, 해당 이미지가 나타내고자 하는 주제는 인물의 자신감, 당당함, 강력한 의지 등이 될 것입니다. 물론 인물이 어떤 복장을 하고 있는지, 머리는 단발인지, 웨이브인지, 피부 트러블이 얼마나 디테일한지 등의 정보도 중요하겠지만, 가장 중요한 주제는 그것보다는 카메라 구도가 주는 인물의 자신감일 것입니다.

비단 카메라의 구도뿐만 아니라, 촬영 기법도 고민해 볼 가치가 있습니다. 마지막 패닝 샷의 경우, 배경의 모션 블러를 나타냄으로써 역동적인 인물의 움직임을 표현하고 있습니다. 마찬가지로 이때는 인물의 긴박함이 이미지의 주제가 될 것입니다. 이처럼 우리는 '이미지의 구도나 촬영 기법이 이미지의 주제를 나타낼 수 있다'는 사실을 인지한 상태에서 프롬프트를 고민해 볼 필요가 있습니다.

주제(피사체)

인물, 사물을 가리지 않고 FLUX를 이용해서 다양한 주제로 이미지를 생성할 수 있습니다. 하지만 여느 생성형 AI 이미지 모델답게, FLUX 또한 프롬프트 중에 구체적인 묘사가 있을수록 해당 이미지의 주제가 된다고 판단합니다. 따라서 주제에 대해 묘사가 배경이나 다른 부분에 비해 상대적으로 구체적일수록, FLUX가 주제와 배경을 혼동하지 않고 사용자의 의사를 명확히 반영해 줍니다.

모든 주제를 다룰 수는 없으므로 여기서는 인물에 대해서만 살펴보겠습니다. 인물이 주제가 되는 이미지를 예로 들면, **인물의 복장, 표정, 자세, 시선** 등에 대한 묘사가 가능합니다. 언뜻 보면 별것 아닌 것 같지만, 따로 묘사가 없으면, 인물사진이 굉장히 단조로워지므로, 해당 부분에 대한 묘사의 유무에 따라 이미지의 다양성에 매우 큰 차이가 발생합니다. 다음은 프롬프트를 순서대로 추가하면서 이미지가 어떻게 변하는지 살펴본 예시입니다.

베이스

A woman

복장

A woman in white collared shirt

표정

A woman in white collared shirt smiles

자세 1

A profile of a woman in white collared shirt. She smiles

자세 2

A profile of a woman in white collared shirt. She smiles. She is standing on the right.

시선

A profile of a woman in white collared shirt. She smiles. She is standing on the right. She looks down.

[그림 14] 피사체 디테일 묘사에 따른 이미지의 변화

프롬프트에 단순히 'a woman'이라고 작성했을 때와는 다른 모습입니다. 복장을 지정해 주고, 인물의 위치와 자세, 표정 등을 지정함으로써 한층 더 자연스러운 인물 이미지가 생성되었습니다.

위 예시에서 만약 인물의 전신을 그리고 싶다면 어떻게 해야 할까요? 전신을 생성하기 위해 full body란 프롬 프트를 추가할 수도 있지만, 그보다 더 효과적인 방법은 바로 하의와 신발에 대해 구체적인 정보를 제공하는 것 입니다.

Full Body

A profile of a woman in white collared shirt. Full body. She smiles. She is standing on the right. She looks down.

Bottoms & Shoes

A profile of a woman in white collared shirt and blue jeans. She wears white sneakers. She smiles. She is standing on the right. She looks down.

[그림 15] 디테일 묘사로 인물의 전신을 그리는 방법

full body라는 태그로는 인물의 전신이 그려지지 않았지만, 하의와 신발에 대한 구체적인 묘사를 하자, 인물의 전신이 생성되었습니다. 이처럼 주제에 대해 구체적이고 정확한 묘사를 해줄수록 다채로운 이미지를 얻을 수 있습니다.

배경(및 전경)

배경에 대해서도 단서를 따로 주지 않으면, 단색 또는 다른 묘사에서 힌트를 얻어 알아서 채워 넣는 경우가 대부분입니다. 기본적으로 FLUX는 이미지 표현력이 좋기 때문에, 구체적인 묘사를 하지 않아도, 그럴듯한 배경이 채워지는 경우가 많긴 하지만, 정확한 의도와 분위기를 반영하고 싶다면, 배경을 묘사하는 프롬프트에도 생각보다 신경을 써줘야 합니다. 특히, 실내인지 실외인지, 시간대와 계절은 언제인지에 따라, 전반적인 이미지의 분위기가 많이 좌우되기 때문에, 배경을 구성하는 요소들만큼이나, 고민이 필요한 부분입니다.

A woman sitting on the sofa at the modern living room

A woman sitting on the sofa in the modern living room with large windows showing a stunning view of New York.

A woman sitting on the sofa in the modern living room with large windows showing a stunning view of the evening in New York.

A woman sitting on the sofa in the modern living room with large windows showing a stunning view of the evening in New York in winter.

[그림 16] 배경 묘사의 디테일에 따른 이미지의 변화

예시 프롬프트와 결과 이미지를 비교해 보기 바랍니다. 배경에 대한 디테일이 추가됨에 따라 전체적인 분위기가 상당히 달라집니다. 특히 저녁(evening) 시간대를 명시해 줌으로써 어두움과 노을이 빚어내는 분위기로 이미지가 180도 달라졌습니다. 그 후 겨울(winter)이란 계절을 명시해 주자, 창밖의 나뭇잎이 다 떨어진 나무, 그리고 그와 대비되는 실내의 잎이 달린 식물들이 등장합니다. 여기에 눈(snow)이나 크리스마스와 같은 디테일을 더 추가한다면 또 다른 분위기가 연출될 것입니다. 다양한 시간대와 계절을 직접 테스트해 보기를 바랍니다.

한편, 이미지를 단순 피사체-배경의 2단계에서 한 단계 더 나아가 조금 더 입체적으로 바라보면, 배경과-피사체-전경의 3단계로 나누어 구성할 수도 있습니다.

A woman sitting on the sofa at the cafe

A woman sitting on the sofa at the cafe. In the foreground, shallow focus on the flowers

[그림 17] 전경 여부에 따른 이미지의 입체감 차이

동일한 구도에서 이미지의 전경에 초점이 맞지 않는 꽃을 위치함으로써 의도적으로 이미지의 깊이감을 더해줄 수 있습니다. 이처럼 작은 물체를 놓는 것만으로도 꽤 큰 분위기 변화를 줄 수 있지만, 필요하다면 조금 더 본격적인 피사체 이외의 부가적인 물건이나 동식물을 추가하여 이미지를 역동적이고 입체적으로 만들 수 있습니다.

A woman in Santorini

A woman in Santorini. Seagulls fly in the foreground

[그림 18] 디테일 요소 추가에 따른 이미지의 차이

결국, 주 피사체 이외에 다른 부분은 구체적인 프롬프트로 지정해 주지 않으면, FLUX는 보수적으로 배경을 생성하기 때문에 대부분 정적인 이미지만 생성될 확률이 매우 높습니다. 특히 가로로 긴 비율을 갖는 이미지(landscape)의 경우, 세로 이미지(portrait)에 비해, 배경에 의해 전반적인 이미지의 느낌이 강하게 영향을 받기 때문에, 구체적인 프롬프트가 꼭 필요합니다.

색감

일반적으로 실제 사진과 같은 이미지를 생성할 때는, 배경과 시간, 조명에 대한 묘사만으로 충분히 전반적인 색감을 제어할 수 있습니다. 하지만 만약 특정 색상으로 이미지를 제한해야 할 때는 사용자가 선택한 색상이 전반적인 이미지의 분위기에 미치는 영향력이 굉장합니다.

slate gray, saddle brown, coral, taupe, charcoal, persian green, hunter green, slate blue

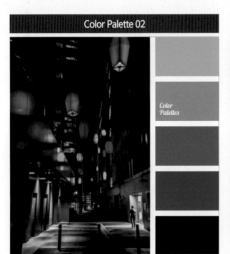

ebony, navy blue, indigo, slate blue, amethyst purple, slate blue, dodgerblue, periwinkle

[그림 19] 색감에 따른 이미지의 느낌 차이

특히 예시와 같이 정물화를 생성하거나, 시각 홍보물 등을 제작할 때는 색상을 얼마나 잘 사용하느냐에 따라 전달하는 느낌이 크게 달라지기 때문에, 이미지를 생성하기 전부터 색상 컨셉에 대해 매우 깊은 고민을 해야 합니다. 개인적으로는 이런 부분에서 생성형 AI 이미지가 갖는 장점이 더욱 두드러진다고 생각합니다.

추가로 비용이 발생하지 않고, 결과도 빠르게 확인 가능하기 때문에, 다양한 색상 조합을 직접 테스트해 볼 수 있습니다. 단, FLUX는 아직 자체적으로 0~255로 표현하는 RGB 색상 정보나, 6자리 코드로 표현하는 HEX 색상 코드를 이해하지는 못합니다. 하지만 조금의 트릭을 쓰면, FLUX에서도 색상 조합(Color Palette)을 적용할 수 있습니다.

FLUX가 색상 코드를 잘 알아듣지는 못하지만, 프롬프트를 통해 일관적으로 생성해 내는 색상들이 있습니다. 다행히 우리가 직접 테스트할 필요 없이, 한 유저가 직접 테스트하여 총 155개 색상 명을 추려내어 CivitAI에 공유하고 있습니다.

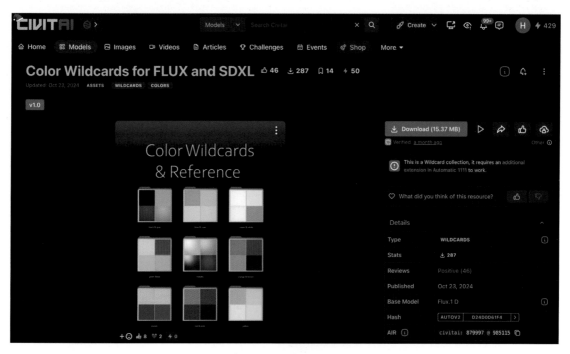

[그림 20] FLUX 색상 명 및 색상 코드

따라서 위 색상 명을 프롬프트에 입력해 이미지를 생성하면, 시드값이나 기타 설정이 변경되어도, FLUX가 해당 색상을 꽤 안정적으로 표현합니다. 따라서 특정 색상만 제한적으로 적용해 감각적인 이미지를 생성하고 싶다면, 프롬프트 마지막에 다음과 같은 문구를 넣어 사용하려는 색상 명을 추가로 입력해 주면 됩니다.

'The colors are restricted to following X colors: 색상들'

다음의 예시들은 좌측 이미지로부터 8개의 메인 색상을 추출해 프롬프트에 적용한 결과입니다.

Color Palette 03

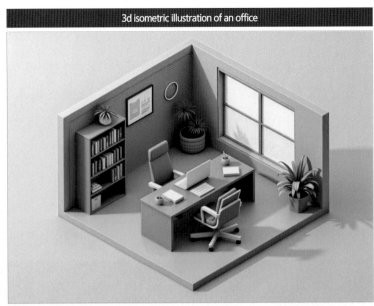

3d isometric illustration of an office

The colors are restricted to following 8 colors: olive green, saddle brown, coral, taupe, charcoal, hunter green, jade, caribbean green

[그림 21] 특정 이미지로부터 추출한 색상 팔레트를 적용한 이미지 생성 결과

머릿속에 색상 팔레트가 자연스럽게 떠오르는 분들은 참고 이미지 없이 바로 색상 조합을 입력하여 그림을 생성하실 수 있겠지만, 그렇지 않은 분들은 WAS Node Suite 커스텀 노드를 설치하여 특정 이미지로부터 메인 색상들을 추출해 주는 Color Palette 기능을 활용할 수 있습니다.

사용법은 매우 간단합니다. Load Image로 불러온 이미지에 Image Color Palette 노드를 연결한 뒤, 다음과 같이 총 몇 개의 색상을 추출할 것인지만 설정하면 됩니다.

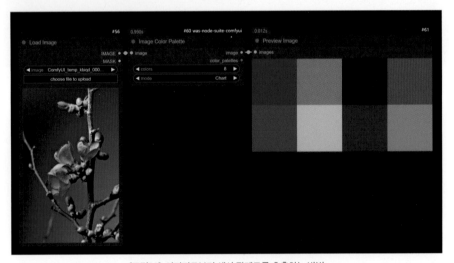

[그림22] 이미지로부터 색상 팔레트를 추출하는 방법

이렇게 추출된 색상을 참고하여, 앞서 정리된 155개 색상 명 중 가장 유사한 색상으로 프롬프트를 작성해 주면, FLUX를 이용해 동일 색상 느낌의 이미지를 출력할 수 있습니다. 앞서 추출한 8개의 색상, 'olive green', 'saddle brown', 'coral', 'taupe', 'charcoal', 'hunter green', 'jade', 'caribbean green'을 적용하여 이미지를 생성하면 다음과 같습니다.

[그림 23] 추출된 색상 팔레트를 적용해 생성한 다양한 이미지 예시

:::: 조명

마지막으로 조명에 대해서도 고민해 볼 필요가 있습니다. 물론 다른 요소들과 마찬가지로 조명에 대한 정보를 따로 주지 않더라도, 시간이나, 계절, 장소 등에 맞춰 FLUX가 알아서 적절한 조명 효과를 적용해 주긴 하지만, 조금 더 그 효과를 극대화할 필요가 있을 때는, 추가적인 프롬프트를 제공해 주는 편이 좋습니다.

A photo of a woman

A photo of a woman. The natural light filters through a window, casting a soft glow across her smooth skin and delicate features

A photo of a woman softly lit by golden sunlight streaming through sheer curtains

A photo of a woman bathed in vibrant neon lights. Her skin glows with the reflections of electric pinks and purples from the surrounding signs

A photo of a woman illuminated by the eerie green glow of an old tube light on the wall

A photo of a woman. The scene is set in a dimly lit room with muted colors, the dominant hue being gray and black

[그림 24] 다양한 조명 프롬프트에 따른 이미지의 느낌 변화

예시는 조명에 대한 추가적인 프롬프트가 전반적인 이미지 느낌에 얼마나 큰 영향력을 행사하는지 명확하게 보여주는 이미지입니다. 조명의 방향이나, 사물을 통과해 비치는 모습을 프롬프트로 적어주면, 빛과 그림자가 생겨나 이미지가 더욱 입체적으로 살아납니다. 한편, 조명의 종류와 성질을 바꿔주면 더더욱 극적인 효과가 확인되는데요, 대표적으로 색온도를 나타내는 'warm', 'cool' 등을 지정해 주거나, 혹은 'neon', 'glow' 등을 색상과 함께 적어주게 되면, 조명에 대한 프롬프트 없이는 얻을 수 없는 색다른 느낌의 이미지를 생성할 수 있습니다. 한편, 'dim', 'light'와 같이 의도적으로 조명을 억제하여 차분한 이미지를 연출할 수도 있습니다.

샘플링의 이해

좋은 프롬프트를 작성하실 수 있다면, KSampler의 기본 설정으로도 충분히 좋은 이미지를 생성할 수 있습니다. 하지만 각 설정값이 어떤 역할을 하는지 알고 이를 적절하게 활용할 수 있게 되면, 이미지에 따라 세밀한 제어가 가능하며, 이를 통해 완성도를 한층 더 높일 수 있습니다.

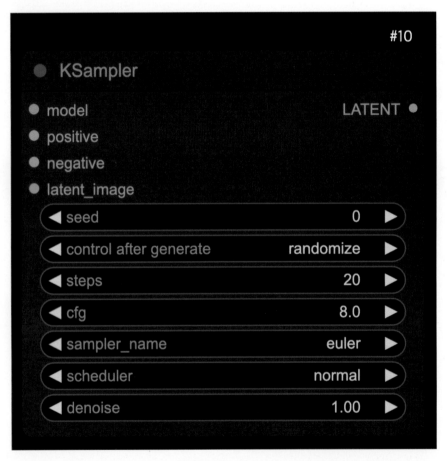

[그림 25] KSampler 노드

- **seed**: 잠재 노이즈의 형태를 결정하는 값입니다. 노이즈의 고유번호로 생각할 수 있으며, 시드값을 바꾼 다는 것은 이미지 생성의 시작이 되는 노이즈의 분포를 바꾸는 것을 의미합니다. 따라서 시드값이 다르면 같은 설정, 같은 프롬프트에서도 다른 이미지가 생성됩니다.

- **control_after_generate**: 워크플로우가 실행되고 난 이후, 앞서 설정한 시드값을 어떻게 처리할지 결정합니다. 설정은 'fix', 'increment', 'decrement', 'randomize'로 총 네 가지 선택지가 있으며, 각각 시드값 '고정', '1씩 증가', '1씩 감소', '무작위로 변경'합니다.

- **steps**: 샘플링 스텝을 의미합니다. 디퓨전 모델이 몇 차례에 걸쳐 노이즈를 제거할지 입력합니다. 적게 는 20스텝에서, 많게는 50스텝 정도를 사용하기도 합니다. 기본적으로 샘플링 스텝이 높을수록 디테일이 향상되지만, 사용하는 샘플러에 따라 일정 수준 이상에서는 품질의 차이는 없고, 이미지에 조금의 변화만 발생할 수도 있습니다.

- **cfg**: CFG(Classifier Free Guidance)는 사용자가 입력한 프롬프트를 얼마나 충실하게 그림에 반영할지 를 결정하는 값이지만, FLUX에서는 Flux guidance라는 노드를 따로 사용합니다. 따라서 KSampler에 서는 항상 기본값인 1.0으로 설정합니다.

- **sampler name**: 실제로 노이즈를 어떤 방식으로 제거해 나갈지를 결정하는 샘플러를 선택합니다.

- **scheduler**: 전체 샘플링 스텝에 맞게 각 스텝에서 얼마만큼의 노이즈를 제거해나갈지를 계획하는 노이 즈 스케줄러를 선택합니다.

- **denoise**: 전체 샘플링 스텝 중 얼마만큼의 스텝에서 노이즈 제거에 관여할지를 결정합니다. Text-to-Image에서는 완전한 노이즈로부터 이미지를 생성해야 하므로 1.0(100%)을 설정해 모든 스텝에 노이즈 를 제거합니다. 디노이즈 설정과 관련해서는 Image-to-Image에서 조금 더 자세하게 다룹니다.

Sampling step과 scheduler

결국 우리가 KSampler 노드에서 Text-to-Image를 진행할 때, 중요한 설정은 샘플링 스텝, 샘플러 및 스케줄러입니다. 기술적으로 샘플러의 동작 원리를 온전히 이해하려면 대학 수학에서 다루는 미분방정식을 이해해야 하지만, 여기서는 샘플링을 조각에 빗대어 개념적으로만 이해해 보겠습니다.

우리가 노이즈로부터 이미지를 생성하는 작업은 조각가가 원석으로부터 조각을 진행하는 과정으로 비유해 볼 수 있습니다. 이때 샘플링 스텝은 마치 조각가에게 몇 번의 조각으로 작품을 완성할 것인지를 의미합니다. 예를 들어 조각가가 똑같은 인물을 조각할 때, 15회로 조각을 완성해야 하는 경우라면, 각각의 터치를 세심하게 다루기가 어렵습니다. 첫 몇 번의 터치에서 큰 조각들을 쳐내야 하기 때문에 세부적인 디테일을 많이 살리지 못할 확률이 높습니다. 반면 30회의 기회가 있는 조각가는 비교적 더욱 세밀한 부분까지 조각을 진행하여 완성도를 높일 수 있습니다. 상식적으로 만약 30회가 아닌 40회, 50회의 기회가 주어진다면, 더더욱 디테일이 높아질 여지가 있다고 판단할 수 있습니다.

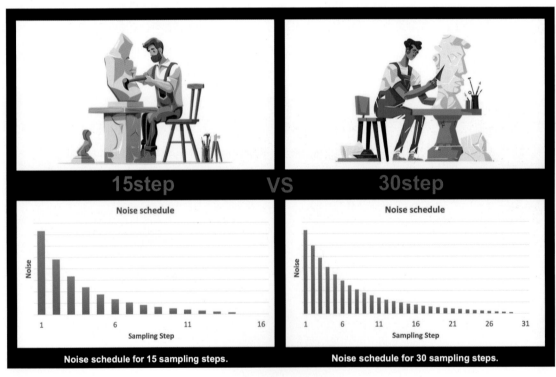

[그림 26] 샘플링 스텝의 이해

그러나 쉬운 조각 작업에 100번의 기회가 주어진다면 어떨까요? 숙련된 조각가가 50번 만에 완벽한 조각을 완성할 수 있는 수준이라면, 60번, 70번, 심지어 100번의 기회를 가진다 해도 결과물의 퀄리티는 크게 달라지지 않을 것입니다. 이미지 생성 과정에서도 마찬가지입니다. FLUX.1 Dev를 기준으로 대부분의 경우 20~50 스텝 사이에서 완성도 높은 이미지를 생성해 낼 수 있습니다.

[그림 27] 샘플링 스텝에 따른 이미지 디테일의 차이 비교

한편, 샘플러는 조각가 자체에 해당합니다. 조각가마다 조각하는 방식이 다르듯, 샘플러도 이미지에서 노이즈를 제거하는 방식에 차이가 있습니다. FLUX에서는 'euler', 'deis', 'heun', 'unipc', 'ipndm', 'ddim' 등의 샘플러가 많이 사용됩니다. 각 샘플러마다 조금의 차이가 있으므로, 직접 다양한 샘플러를 사용해 보고, 품질과 속도를 비교해 본인에게 맞는 샘플러를 찾아보기 바랍니다.

[그림 28] 샘플러에 따른 이미지 비교

마지막으로, 스케줄러는 조각가가 조각을 깎아나갈 때 각 터치마다 얼마나 많은 양을 제거할지 미리 계획하는 것과 같습니다. 예를 들어, 처음에는 큰 덩어리를 깎아낸 뒤 세밀한 디테일을 다듬어 갈 수도 있고, 처음부터 끝까지 일정한 양을 균등하게 조각해 나갈 수도 있습니다.

simple   sgm_uniform   beta

[그림 29] 노이즈 스케줄러에 따른 이미지 비교

FLUX에서는 어떤 샘플러와 스케줄러를 선택하더라도 기본적인 이미지 품질이 우수하기 때문에, 초반에는 큰 차이를 느끼기 어려울 수 있습니다. 따라서 입문자라면 먼저 기본 설정인 'euler', 'normal', '20step'으로 이미지를 생성해 보면서 다양한 기술을 익히시고, 이후 이미지의 디테일과 분위기의 세부적인 차이를 경험해 보는 것이 좋습니다.

Text-to-Image 실습

현재의 인공지능 기술은 사용자의 능력을 배가시키는 도구로서 더욱 효과적인 역할을 합니다. 따라서 AI를 어떻게 활용하는지에 따라 그 능력을 극대화할 수 있습니다.

생성형 AI 이미지 기술도 마찬가지입니다. 프롬프트에 대한 이해 없이 막연히 어떤 그림을 생성해달라고 요청하는 것과, 앞서 살펴본 내용들을 바탕으로 조금 더 정교한 프롬프트를 작성하는 것은 결과물에서 큰 차이를 보일 수밖에 없습니다.

따라서 다양한 프롬프트를 직접 작성해 보고, 이에 따른 이미지의 디테일 차이를 눈여겨볼 필요가 있습니다. 즉, 자유자재로 고품질의 AI 이미지를 생성하고 활용하려면, 평소 다양한 장르의 이미지에 대해 많은 연습을 해보고 경험을 쌓아두는 것이 매우 중요합니다. 다음 장으로 넘어가기에 앞서, 꼭 다음에 제시하는 내용을 직접 실습해 보길 바랍니다.

워크플로우 구성

Text-to-Image 기본 워크플로우는 모든 다른 워크플로우의 기초가 되는 부분이므로, 반복 학습을 통해 나중에는 생각하지 않아도 습관처럼 자연스럽게 구성할 수 있을 수준이 되어야 합니다.

[그림 30]은 Text-to-Image 기본 워크플로우를 기능 단위로 나눈 것입니다. 처음 실습하실 때는 그림을 참고하여 진행한 뒤, 어느 정도 익숙해진 후에는 그림을 보지 않고 기능별 순서를 머릿속으로 떠올리며 진행하기 바랍니다.

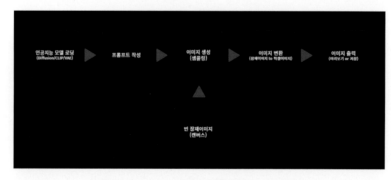

[그림 30] Text-to-Image 기본 워크플로우 노드 기능 구성표

처음에는 빈 화면에 노드를 추가하는 것부터 낯설지만, 기능과 원리를 이해하며 꾸준히 연습하면, 추후 복잡한 기능의 워크플로우를 구성할 때도 막힘없이 진행할 수 있습니다.

해상도 변경

아무리 인공지능 모델이 만능으로 보이더라도, 모델이 학습한 이미지의 해상도와 비율을 크게 벗어나는 이미지 생성은 쉽지 않습니다. FLUX 모델은 512, 768, 1024 등의 다양한 해상도의 이미지를 학습했기 때문에 비교적 다양한 해상도의 이미지를 고품질로 생성해 낼 수 있습니다. 그러나 극단적인 이미지 비율이나, 일정 수준 이상, 혹은 이하의 해상도로 생성할 경우 이미지 품질이 크게 저하될 수 있습니다. 직접 다양한 조건으로 이미지를 생성해 보고 어떤 해상도에서 이미지가 망가지는지, 해상도에 따라 생성 과정이나 결과물에 어떤 차이가 발생하는지 비교해 보기 바랍니다.

prompt	A neon-soaked cyberpunk cityscape emerges under the darkened sky, where towering skyscrapers are adorned with holographic ads and flickering neon signs in vibrant pinks, blues, and greens. Hovering vehicles glide silently above congested streets filled with self-driving cars. Pedestrians in sleek, tech-enhanced attire navigate through bustling crowds, their faces illuminated by the glow of augmented reality devices. Steam rises from vents, mingling with the faint hum of distant machinery. Drones buzz overhead, and the air thrums with the electric pulse of the city's digital heartbeat—a dazzling yet gritty symphony of a futuristic urban sprawl.
seed	0
steps	20
sampler_name	Euler
scheduler	Normal
resolution	128*128 / 256*256 / 512*512 / 768*768 / 1024*1024 / 1536*1536

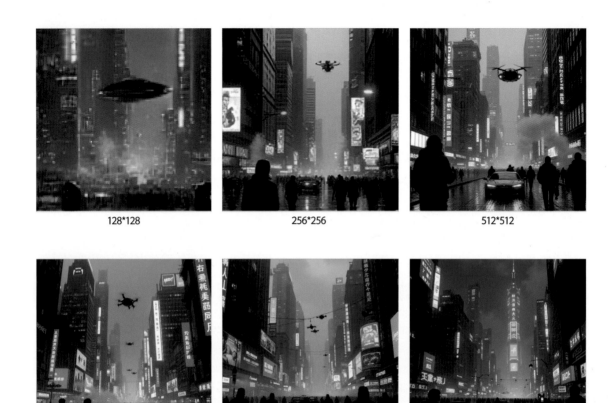

[그림 31] 해상도에 따른 이미지 차이 비교

Seed

동일한 프롬프트와 설정에서도 Seed 값이 달라지면, 시작 노이즈의 형태가 달라지기 때문에 다른 결과물이 생성됩니다. 만약 프롬프트가 자세한 경우, 전반적인 분위기는 유지되면서도 인물의 자세나 구도 등에 차이가 발생합니다. 하지만 프롬프트가 간단한 경우, 프롬프트로 지정되지 않은 많은 부분을 인공지능이 직접 채워 넣기 때문에 의상이나 배경 등 전반적인 변화가 크게 나타날 수 있습니다. 직접 다음의 조건으로 이미지를 생성해 보고 그 차이를 비교해 보기 바랍니다.

prompt	A fashion shoot featuring a beautiful, slender 24-year-old Korean woman showcases her elegant and contemporary style. She exudes confidence and grace, her youthful complexion glowing under soft studio lights. Her outfits blend modern Korean fashion trends with timeless sophistication—think sleek silhouettes, pastel tones, and intricate detailing. In one frame, she dons a chic tailored blazer with a minimalist blouse, paired with wide-leg trousers. Another shot highlights a flowing midi dress with delicate floral patterns. Her poised expressions and graceful poses enhance the visual story, creating a captivating series that celebrates beauty and fashion with a modern Korean twist.
seed	0, 100, 9999, 12345, 7777777, 1234876125
steps	20
sampler_name	Euler
scheduler	Normal
resolution	1024*1024

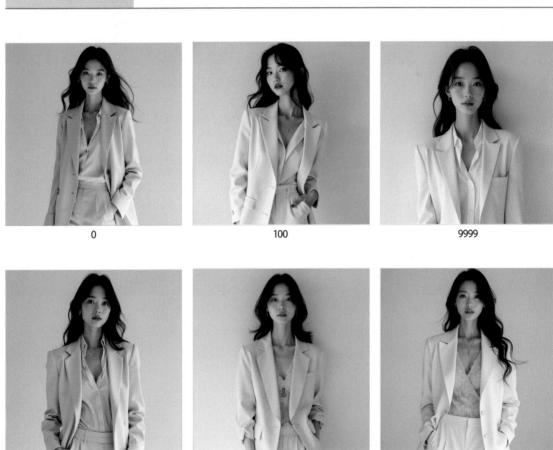

[그림 32] 시드값 변경에 따른 이미지 차이 비교(프롬프트가 자세한 경우)

prompt	A fashion shoot featuring a beautiful, slender 24-year-old Korean woman
seed	0, 100, 9999, 12345, 7777777, 1234876125
steps	20
sampler_name	Euler
scheduler	Normal
resolution	1024 *1024

0

100

9999

12345

7777777

1234876125

[그림 33] 시드값 변경에 따른 이미지 차이 비교(프롬프트가 간단한 경우)

MEMO

CHAPTER
05

Text-to-Image
심화

이미지 대량 생성

이미지 작업을 하다 보면, 목적에 따라 투입되는 시간과 노력이 달라집니다. 예를 들어, 최종 결과물을 제작할 때는 한 장씩 꼼꼼하게 작업해야 하지만, 반대로 컨셉을 잡거나, 시각적 아이디어를 얻기 위한 목적이라면 빠른 시간 안에 무작위 다수의 이미지를 생성하는 편이 더 효율적일 것입니다. 본 장에서는 작업의 효율을 올리기 위하여 ComfyUI에서 다수의 이미지를 자동으로 생성하는 방법에 대해 살펴보겠습니다.

이전 생성 정보를 기억하는 ComfyUI

이미지를 대량으로 생성하기 전에, ComfyUI의 동작 방식에 대해 이해해 보도록 하겠습니다. ComfyUI는 기본적으로 가장 최근 생성 정보를 기억(Caching)하고 있습니다.

이미 이미지를 생성하여 최근 정보를 기억하는 상황에서, 다시 Queue 버튼을 눌러도 아무런 변화가 발생하지 않습니다. 모든 설정이 동일하기 때문에, ComfyUI가 스스로 다시 동일한 이미지를 만들 필요가 없다고 판단하기 때문입니다. 새로운 이미지를 생성하려면 인공지능 모델을 바꾸거나, 해상도를 변경하거나, 혹은 다른 프롬프트를 작성하거나, KSampler의 샘플링 설정값 중 하나를 다르게 설정해야 합니다.

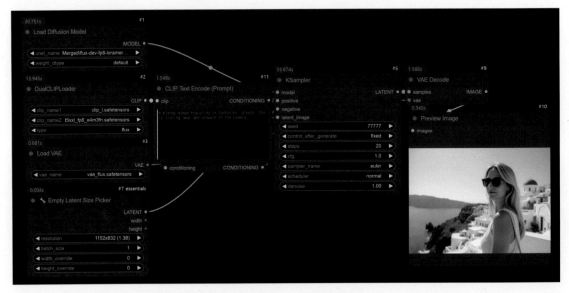

[그림 1] Text-to-Image 이미지 생성 완료 모습

[그림 2]는 앞서 실행한 워크플로우에서 다른 설정은 모두 동일하게 두고, 잠재 이미지 해상도만 변경 (1152*832→832*1152)한 뒤 워크플로우를 실행한 결과입니다. 해상도를 변경했기 때문에, Queue 버튼이 눌리면, ComfyUI는 다른 이미지를 생성해야 한다는 것을 인지하고, 워크플로우를 실행하게 됩니다.

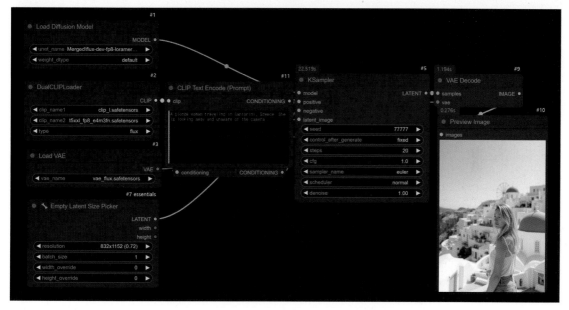

[그림 2] Latent Image Size를 변경하여 이미지를 다시 생성한 모습

여기서 또 한 가지 흥미로운 점은, ComfyUI가 새로운 이미지를 생성했지만, 인공지능 모델과 프롬프트 등에 변경 사항이 없기 때문에, 앞서 진행한 부분은 건너뛰고 샘플링만 새로 진행했다는 것입니다. 즉, 프롬프트를 해석한 과정이 이미 기억(Caching)되어 있으면, 기억된 값을 그대로 활용하여 곧바로 샘플링을 진행하고 이미지를 생성할 수 있는 것입니다.

Seed 값 수정을 통해 다른 이미지 생성하기

이미지를 대량으로 생산하는 과정은 인공지능의 창의성을 활용하여 머릿속에 어렴풋하게 떠오르는 이미지를 구체화하는 데 큰 도움이 됩니다. 간단한 가이드라인을 제시한 후, 나머지 부분은 인공지능이 스스로 채워 넣는 방식으로 최대한 다양한 이미지를 만들고, 그중에서 마음에 드는 이미지를 고른 뒤 업스케일이나 편집을 거쳐 완성도를 높이는 것입니다. 그렇다면 동일한 주제에 대해 이런 다양성은 어떻게 확보할 수 있을까요?

[그림 3]은 [그림 1]을 생성한 설정을 그대로 유지한 채 seed 값만 변화를 준 것입니다. Chpater 04에서 설명드린 바와 같이 seed 값을 바꾸면, 샘플링의 시작점이 바뀌기 때문에 새로운 그림을 생성하게 됩니다.

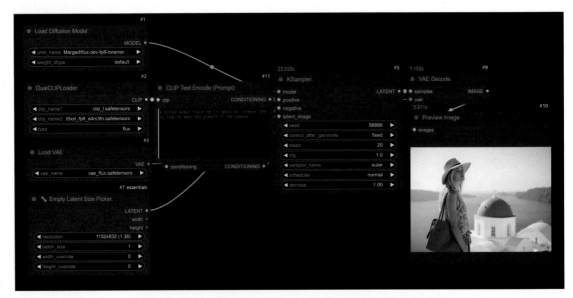

[그림3] Seed 값 수정 후 생성한 이미지

Seed 값 수정에 따른 이미지 변화

이번에는 생성된 2장의 이미지를 나란히 두고, 프롬프트와 함께 조금 더 자세히 비교해 보겠습니다. 프롬프트의 주제는 '금발의 여성, 그리스 산토리니 여행 중, 시선은 멀리, 카메라를 의식하지 않음'으로 요약할 수 있습니다.

A blonde woman traveling in Santorini, Greece. She is looking away and unaware of the camera

seed: 77777   seed: 88888

[그림 4] 시드값에 따른 이미지 차이

두 이미지 모두 프롬프트에서 작성한 내용들이 잘 반영되었습니다. 그러나 인물의 복장에 대해 구체적인 지시 사항을 적지 않았기 때문에, FLUX 모델이 안경, 모자, 가방, 의상 등 독자적으로 여러 요소를 추가한 것을 확인할 수 있습니다. 또한, 구도와 배경에 대해서도, 단순히 '산토리니 여행 중'이라는 정보만 듣고 세세한 부분은 알아서 그렸습니다. 이처럼 모든 설정이 동일하더라도, 사용자가 seed 값을 바꿔주면, ComfyUI는 동일 주제에 대해 변화를 첨가하며 새로운 이미지를 계속해서 생성해 줍니다.

⚙️ Auto Queue와 control_after_generate

새로운 이미지를 만들기 위해 seed값을 매번 변경해야 할까요? ComfyUI는 이를 자동화할 수 있는 기능을 제공합니다. 바로 KSampler 노드의 seed 위젯 아래의 'control_after_generate' 위젯입니다. 이 위젯을 사용하면, 워크플로우가 실행된 이후 어떻게 seed 값을 처리할지 4가지 방법을 선택할 수 있습니다.

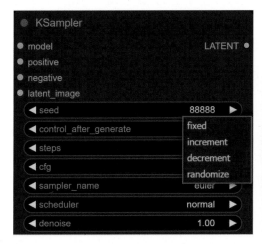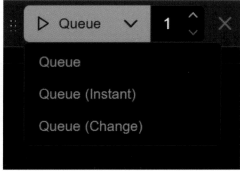

[그림 5] KSampler seed control과 Queue 버튼 설정

- **고정(fixed)**: 워크플로우가 실행되고 나서도 seed 값에 변화를 주지 않습니다.
- **증가(increment)**: 워크플로우가 실행되고 seed 값을 1만큼 증가시킵니다.
- **감소(decrement)**: 워크플로우가 실행되고 seed 값을 1만큼 감소시킵니다.
- **무작위(randomize)**: 워크플로우가 실행되고 기존과 다른 무작위 번호로 변경됩니다.

KSampler노드의 control_after_generate 위젯을 클릭하면, 순서대로 고정(fixed), 증가(increment), 감소(decrement), 무작위(randomize)를 선택할 수 있습니다. fixed를 선택하면 워크플로우가 실행되고 나서도 기존 seed 값에 변화를 주지 않습니다. 따라서 한 번 이미지가 생성된 이후, 워크플로우 내 별다른 설정 변경이 없다면, Queue를 다시 눌러도 아무 변화가 없습니다.

반면 fixed를 제외한 나머지 설정은 워크플로우가 실행되면 seed 값을 변경합니다. 각각 설정에 따라, increment는 seed 값이 +1만큼 증가, decrement는 seed 값이 -1만큼 감소하며, randomize는 기존과 다른 무작위 번호로 변경됩니다. 따라서 seed 값의 변화가 적용된 상태라면, 사용자가 Queue 버튼을 누를 때마다 seed 값이 달라지고, 따라서 다른 모든 설정이 동일하더라도, ComfyUI가 계속해서 새로운 이미지를 생성합니다.

이미지 생성 자동화 Queue(Change)

control_after_generate기능과 Queue(Change)기능을 사용하면 버튼 한 번으로 무한한 이미지를 만들 수 있습니다.

Queue(Change)는 워크플로우에 변화가 생겼을 때, 자동으로 변화를 반영하여 워크플로우를 실행해 주는 역할을 합니다. 그리고 우리는 control_after_generate를 통해 이미지가 생성될 때마다 seed 값에 변화를 주었기 때문에, 버튼 한 번으로 변화와 재실행을 끝없이 반복하게 됩니다. 그럼, 실제로 이미지를 자동 생성하도록 구성해 보겠습니다.

[그림 6] 산토리니의 여성 워크플로우에서 Ksampler의 ❶ control_after_generate를 increment로 설정하고, 이미지 저장을 위해 Preview Image 대신 Save Image 노드를 연결한 모습입니다. Save Image 노드의 ❷ filename_prefix는 저장될 이미지의 파일명을 지정하는 부분입니다. 임의로 autogen이라고 입력합니다. 이 상태에서 Queue 버튼을 ❸ Queue(Change)로 바꾼 뒤, 버튼을 눌러 워크플로우를 실행합니다.

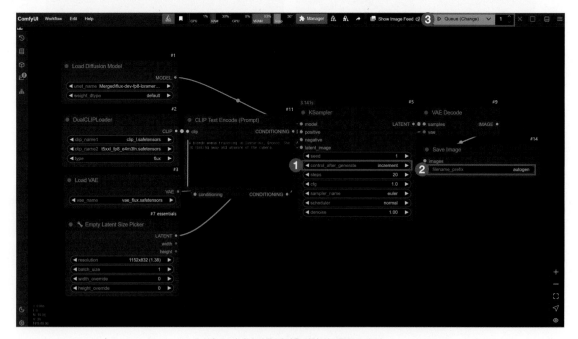

[그림 6] 이미지 자동 생성을 위한 워크플로우 구성

워크플로우 실행 후 ComfyUI → output 폴더로 이동하면 'autogen_XXXXX.png'라는 파일명으로 이미지가 생성되는 것을 확인할 수 있습니다. 이로써 그리스 산토리니를 여행 중인 금발의 여성 이미지를 무한히 생성할 수 있게 되었습니다. 워크플로우 실행을 멈추기 위해서는 Queue (Change) 버튼을 다시 Queue 버튼으로 바꾸면 됩니다.

[그림 7] 자동 생성 후 저장된 이미지들

Wildcard 이용하기

Wildcard 기본 문법

동일한 프롬프트와 설정으로 무한히 이미지를 생성하는 방법에 대해 알게 되었으므로, 한 단계 더 나아가 사용자가 직접 변화의 범위를 제어하는 방법에 대해 살펴보겠습니다. 우리는 프롬프트로 정확히 지시하지 않은 부분을 FLUX가 임의로 생성한다는 것을 배웠습니다. 그렇다면, FLUX에게 자율성은 주되 변화의 범위를 설정하고 싶을 때는 어떻게 해야 할까요? 예를 들어, 인물의 머리 색을 자유롭게 변경하되 흑발, 금발, 백발 3가지 색상 중에서만 무작위로 선택하고 싶을 수 있습니다. ComfyUI에서는 이런 경우 'ImpactWildcardProcessor' 노드를 통하여 매개변수를 조절할 수 있습니다.

[그림 8]은 Impact Pack의 ImpactWildcardProcessor 노드에 대한 기본적인 예시입니다. 와일드카드의 기본 문법은 간단합니다. 대괄호'{}' 안에 '|' 구분자와 함께 선택지를 작성하면, Queue 버튼을 눌러 워크플로우가 실행될 때마다 대괄호 안의 선택지 중 하나가 무작위로 추출되는 방식입니다. 위 예시에서는 'black hair', 'blonde', 'silver hair' 이렇게 세 개의 선택지가 작성되었기 때문에, Queue 버튼을 누를 때마다 출력되는 값이 선택지 안에서 변경됩니다.

[그림 8] ImpactWildcardProcessor

이제 와일드카드를 실제로 활용해 보겠습니다. 먼저 ImpactWildcardProcessor에 직접 와일드카드 문법을 적용해 프롬프트를 작성합니다. 'a pretty woman with {red|golden|silver} hair in {white|blue|red} t-shirt.'라고 작성하면, 워크플로우를 실행할 때마다 인물의 머리와 티셔츠 색을 무작위로 선택하여 총 9개 (3*3)의 조합이 가능해집니다.

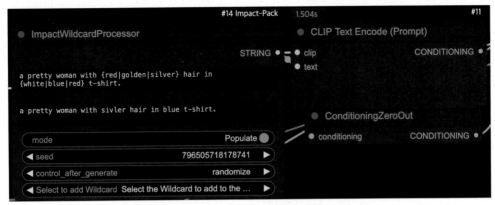

[그림] 9] 인물의 머리색과 티셔츠 색상을 와일드카드로 변경하는 모습

프롬프트 작성 후 ImpactWildcardProcessor 노드의 STRING 출력을 CLIP Text Encode 노드의 text 입력으로 연결합니다. Queue 버튼을 눌러 워크플로우를 실행하면, 머리색과 티셔츠 색상이 정해진 범위 안에서 변경되며 이미지가 생성됩니다.

[그림 10] 와일드카드를 이용해 다양한 머리와 티셔츠 색상을 생성한 모습

예시에서는 색상의 변화만 주었지만, 어떤 단어를 조합하는지는 전적으로 사용자에게 달려있습니다. 의상의 종류를 달리할 수도 있고, 성별을 다르게 할 수도 있으며, 구도나 시간 등을 다르게 설정할 수도 있습니다. 또한 선택지의 개수에도 따로 제한이 없기 때문에, 창의력을 발휘하여 한계가 없는 다양한 이미지를 생성할 수 있습니다.

Wildcard 고급 활용법

워크플로우가 복잡해지면 선택지가 너무 많아지거나 작성 공간이 부족해지는 경우가 있습니다. 이런 경우 프롬프트를 미리 텍스트파일(.txt)로 작성해 두고, ImpactWildcardProcessor 노드에서 불러와 사용하는 것이 가능합니다.

와일드카드는 메모장(.txt)으로 작성하며, [그림11]과 같이 'ComfyUI-Impact-Pack' 커스텀 노드가 설치된 위치의 'custom_wildcards' 폴더 내에 저장합니다. 예시에서는 'wildcard_example.txt'로 생성했습니다. Wildcard는 기본적으로 메모장의 줄 바꿈을 인지하여 1줄 = 1개의 프롬프트 단위가 됩니다.

[그림 11] 와일드카드 txt 파일 예시

예를 위해 5번의 줄 바꿈을 활용하여 5개의 인물 주제를 작성했습니다. 이렇게 작성한 wildcard를 ComfyUI에서 사용하는 방법은 매우 간단합니다.

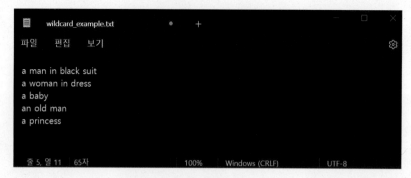

[그림 12] 와일드카드 작성 예시

텍스트 파일명 앞뒤로 언더바(_)를 두 번씩 붙인 상태로 파일이름을 ImpactWildcardProcessor의 프롬프트 입력 칸에 작성하면, 미리 저장한 텍스트파일로부터 모든 선택지를 받아온 뒤, 그 중 무작위로 한 줄을 선택하여 반영합니다. 이제 이렇게 준비한 와일드카드 노드를 실제 text-to-image 워크플로우에 연결하고, 프롬프트를 작성하겠습니다.

[그림 13] txt 파일로 작성된 와일드카드 적용 예시

[그림 14]의 예시에서는 '__wildcard_example__ sitting on the chair at a cafe in Seoul, Korea.'라는 프롬프트로 워크플로우를 실행했습니다. 와일드카드에서 'a baby'를 비롯해 인물에 대한 묘사가 무작위로 선택되어, 카페 의자에 앉아 있는 다양한 인물이 생성된 모습입니다. 이처럼 와일드카드를 활용하면, 주제, 색상 또는 전체 프롬프트를 다양하게 조합하여 자동 이미지 생성이 가능합니다.

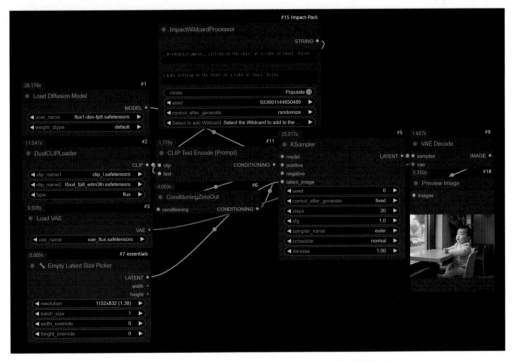

[그림 14] txt 파일로 작성된 와일드카드를 이용해 이미지를 생성한 모습

[그림 15] 와일드카드를 이용해 매개변수를 조절한 이미지

LLM 활용하기

일반적으로 프롬프트는 글로 작성됩니다. Stable Diffusion이나 FLUX 등 대부분의 생성형 AI 이미지 모델은 영어로 입력된 프롬프트를 이해하고 이미지를 생성합니다. 따라서 우리는 영어로 프롬프트를 작성해야 합니다. 그러나 영어가 모국어가 아닌 이상, 이미지로 표현하고 싶은 세세한 디테일을 글로 표현하기에는 한계가 있습니다. 이런 경우 LLM의 도움을 받으면, 사용자가 작성한 프롬프트를 훨씬 구체적이고, 풍부한 내용을 담도록 만들 수 있습니다.

디테일이 중요한 프롬프트일수록 단어의 단/복수, 혹은 전치사 등 세세한 차이가 문장의 의미를 크게 바꿀 수 있기 때문에, 잘못 작성된 프롬프트 때문에 한참을 고생하다 결국 원하는 이미지를 얻지 못할 수도 있습니다. 이때도 LLM을 활용하면 잘못 작성된 문법을 바로잡는 것은 물론이고 이미지 모델이 잘 이해할 수 있도록 짜임새 있는 프롬프트를 작성할 수 있습니다.

또한, 큰 주제는 있지만 구체적인 이미지 아이디어가 필요한 경우 LLM에게 부탁하여 여러 시안을 편리하게 받아보는 방법도 있습니다. 정리하자면 LLM의 장점은 다음과 같습니다.

① 내가 작성한 프롬프트를 훨씬 풍부하게 다듬기
② 문법 교정 및 모델이 알아듣기 좋은 프롬프트로 다듬기
③ LLM의 창의력을 차용하여 편리하게 프롬프트 만들기

GPT 활용해 보기

LLM이란 단어 자체가 생소하실 수 있는데요, LLM은 Large Language Model의 약자로, 말 그대로 대형 언어 인공지능 모델을 의미합니다. 언어 모델 중에서 가장 대중적으로 많이 알려진 모델이 바로 ChatGPT입니다. 즉, 인공지능 모델 중 언어적 측면을 담당하는 모델들을 일컫는데요. 다양한 언어 모델 중에서도 단연 OpenAI사의 ChatGPT가 가장 유명하고 친숙합니다.

[그림 16]은 ChatGPT에게 도심의 화려한 저녁 모습을 묘사한 프롬프트를 간단하게 부탁한 모습입니다. 직접 작성하려면 내용과 문법은 물론, 적절한 표현을 찾는 것도 어렵지만, ChatGPT와 함께라면 걱정 없습니다.

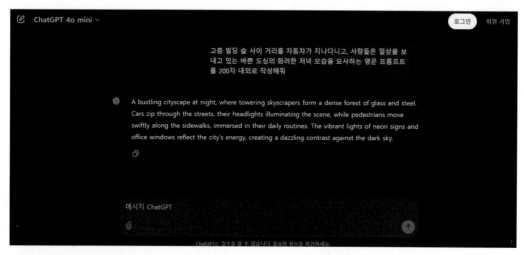

[그림 16] ChatGPT에게 프롬프트 작성을 요청한 모습

ChatGPT가 만들어준 프롬프트를 입력하여 Text-to-Image 기본 워크플로우로 이미지를 생성한 결과입니다. 고층 빌딩 숲 사이 거리를 자동차들이 다니고 있고, 인도 위 사람들은 일상을 보내고 있으며 도심의 불빛이 그 화려함을 더하고 있습니다. 이처럼 LLM을 활용하면 프롬프트 작성에 대해 큰 고민을 하지 않고도 머릿속에 그린 그림을 쉽고 빠르게, 그럴듯하게 실현할 수 있습니다.

[그림 17] ChatGPT가 만들어준 프롬프트를 이용해 FLUX로 생성한 이미지

Local LLM 준비

ChatGPT는 API 서비스 형태로 운영되고 있기 때문에 사용자가 모델을 이용하기 위해서는 필수적으로 인터넷이 연결되어 있어야 하며, 사용 방식 및 사용량에 따라 유료 결제가 필요합니다.

따라서 이 책에서는 무료로 사용할 수 있는 언어 모델을 설치하고, 프롬프트를 활용하는 방법을 소개하고자 합니다. 다양한 기능을 수행할 수 있지만 용량이 커다란 ChatGPT와 달리, 우리가 원하는 텍스트 기반 정보 작성 및 요약이 가능한 간소화된 모델은, StableDiffusion처럼 사용자의 PC에 직접 모델을 다운로드 받아 실행 가능합니다. 이러한 방식은 첫 설치만 제대로 완료한다면, 추후 인터넷에 연결되어 있지 않아도 모델을 사용하는 데 문제가 없습니다.

구분	API Service(Online)	Local PC(Offline)
언어 모델	ChatGPT	LaMa/Gemini
이미지 생성 모델	Midjourney/DallE	StableDiffusion Flux

따라서 우리는 LLM을 PC에서 사용을 위해 Ollama라는 플랫폼에서 llama3.2, llava, gemma2 모델을 사용할 계획입니다.

구분	모델	설명
Ollama	Llama3.2	LaMa/Gemini
로컬 LLM 모델을 실행하기 위한 프로그램	Llava	로컬 비전 모델 – 사진을 보고 이해한 후 이를 바탕으로 대화가 가능한 모델
	Gemmama2	로컬 LLM 모델 – 한글도 잘 사용하는 언어 모델

우선 다음의 이미지와 같이 ollama.com으로 접속한 뒤, ❶ 다운로드 버튼을 누릅니다.

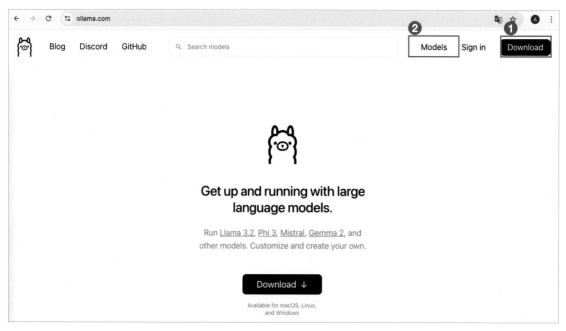

[그림 18] Ollama 홈페이지

버튼을 누르면, 사용 중인 PC의 OS를 선택하여 ollama를 설치할 수 있습니다. Ollama 프로그램 설치가 완료되면, 시스템 트레이 아이콘에 라마 모양의 ollama가 정상적으로 실행 중인 것을 알 수 있습니다.

[그림 19] Ollama 설치 및 실행 모습

이제 ollama 프로그램이 설치되었으므로, 프로그램에서 사용할 LLM 모델을 다운받아야 합니다. 다시 'ollama.com'으로 이동하신 후에, 우측 상단의 ❷ Models를 눌러 이동하면 ollama에서 사용 가능한 수많은 모델 리스트를 확인할 수 있습니다.

검색어로 llama와 gemma를 입력하면 우리가 사용할 모델을 필터링할 수 있습니다. 검색 결과에서 나타나는 모델을 선택하면 상세 페이지로 이동하게 됩니다.

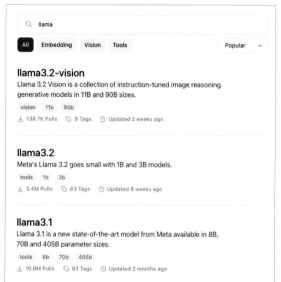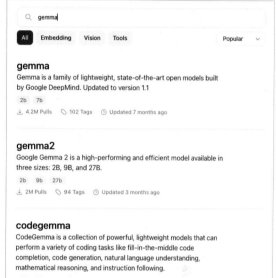

[그림 20] llama 및 gemma 모델 검색

먼저 llama3.2를 선택해 이동합니다. 우측에 'ollama run llama3.2'라는 글과 아이콘이 있습니다. 아이콘을 누르면 글이 복사됩니다.

[그림 21] llama3.2 모델 상세 페이지

이제 컴퓨터에서 [WIN + R]을 누른 뒤 'cmd'를 입력하거나, 시작 표시줄 검색에 바로 'cmd'를 입력하여 터미널을 실행합니다. 터미널이 실행되면 홈페이지에서 복사한 명령어(ollama run llama3.2)를 붙여 넣은 뒤, 엔터를 눌러 명령을 실행합니다. 즉시 해당 모델이 다운로드되며 'Send a message (/? for help)' 문구가 나타나면 다운이 완료됩니다.

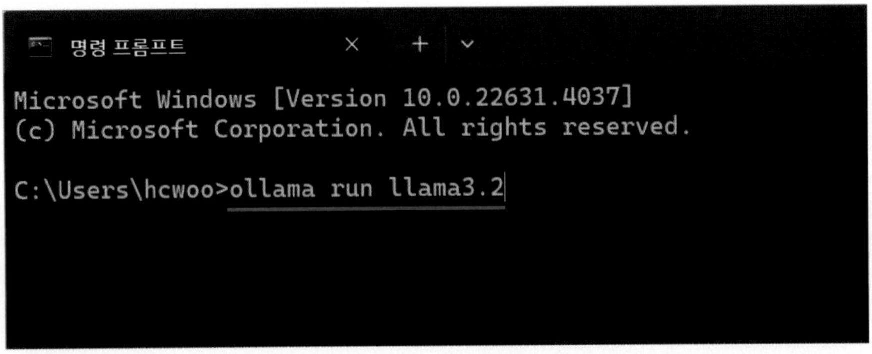

[그림 22] Ollama run llama3.2 실행 명령어

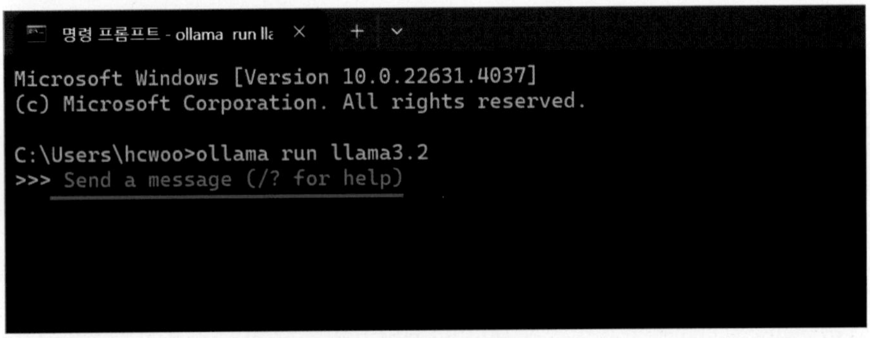

[그림 23] llama3.2 실행 모습

**파라미터(매개변수)
인공지능 모델에는 모델명 뒤에 '3B', '7B', '11B' 등 숫자와 알파벳 B를 적어 구분하는 경우가 많습니다. 이때 B는 'billion', 즉 10억을 의미하며, 3B는 30억, 7B는 70억, 11B는 110억을 의미합니다. 즉 3B가 붙은 것은, 30억 개의 파라미터를 가진 모델이라는 의미이며, 이는 모델이 학습하거나 추론할 때 사용하는 인공신경망의 크기를 의미합니다. 일반적으로 파라미터값이 높을수록 모델의 능력은 뛰어나지만, 그만큼 모델의 용량도 커지게 됩니다.

**LLaMA-3.2
2024년 9월 26일 공개된 메타(페이스북)의 오픈소스 언어 모델입니다. 1B, 3B, 11B, 90B 모델이 공개되었고, 11B 이상은 멀티모달로 이미지 입력을 받을 수 있지만, 본문에서는 라이트 버전인 3B 모델을 언어 모델로 사용합니다.

**Gemma2
2024년 6월 29일 공개된 구글 딥마인드의 오픈소스 언어 모델입니다. 2B, 9B, 27B 모델이 있으며, 본문에서는 9B 모델을 사용합니다.

LLM으로 프롬프트 작성하기

이제 LLM 모델이 준비되었으므로, 본격적으로 모델의 도움을 받아 서술형 프롬프트를 작성하겠습니다. 우선, ComfyUI 내에서 LLM이 동작할 수 있도록 도와주는 커스텀 노드를 설치해야 합니다. ComfyUI Manger를 통해 Ollama 커스텀 노드를 검색합니다.

Ollama를 검색했을 때 나오는 다양한 커스텀 노드 중에서 별점이 가장 높은 ComfyUI Ollama(stavsap) 노드를 찾아 설치를 진행합니다. 설치를 마치면 이제 ComfyUI에서 Ollama를 이용할 수 있습니다.

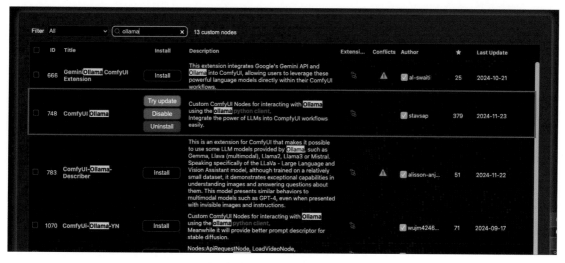

[그림 24] Ollama 커스텀 노드 검색 모습

ComfyUI의 빈 곳에 마우스 더블 클릭으로 노드 검색을 실행한 뒤, Ollama를 검색하면 [그림 25]과 같이 5개의 노드가 나타납니다. 이 중에서도 우리는 'Ollama Vision', 'Ollama Generate'와 'Ollama Generate Advance' 노드를 사용할 예정입니다.

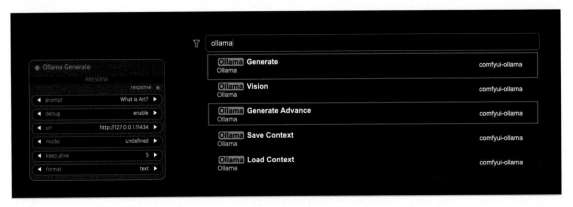

[그림 25] ollama 노드 추가

노드	모델	기능
Ollama Vision	llava	사진을 보여주고 프롬프트를 생성
Ollama Generate	llava	프롬프트 생성
Ollama Generate Advance		프롬프트를 자세하게 보완

Ollama Generate

가장 기본적인 Ollama Generate 노드를 살펴보면, 노드 생성과 함께 'What is Art?'라는 질문이 적혀 있으며 그 다음으로 여러 설정값이 있습니다. 이 중 가장 중요한 부분은 세 번째 위치한 model 위젯입니다. 우리는 영어로 프롬프트를 작성할 예정이므로 llama3.2 모델을 선택합니다. 출력단(response)에는 사용자의 질문에 대한 모델의 답변이 출력되므로, 이를 확인하기 위해 Show Text 노드를 연결해 주었습니다.

[그림 26] Ollama Generate

테스트를 위해 'What is Art?'라고 적힌 워크플로우를 실행해 보겠습니다.

[그림 27] Ollama Generate 실행 모습

답변을 받는 데까지 걸리는 시간은 불과 몇 초밖에 걸리지 않았습니다. LLM을 활용하면 단 몇 개의 단어만으로도 수십 줄에 달하는 프롬프트를 생성할 수 있습니다. 그렇다면, 어떻게 질문해야 효과적인 프롬프트를 작성할 수 있을까요?

우리가 이미지 생성할 때 주제, 구도, 분위기, 색감, 조명 등의 프롬프트를 고려했듯이, 동일한 사항들을 구체적으로 짚어주면 llama 모델이 프롬프트를 작성하는 데 도움이 됩니다. 예를 위해 Ollama generate 노드에 다음과 같이 부탁해 봅니다.

Objective:
You are an advanced AI assistant specialized in language understanding capabilities. Your primary goal is to understand the subject of the given description and generate a comprehensive prompt suitable for generative models.

The prompt must be in extreme detail, encompassing its composition, atmosphere, hue, colors, and lighting. Ensure your response is structured in paragraphs and is free of additional commentary.

Description:
beautiful scenery of Paris, a woman on the street. evening.

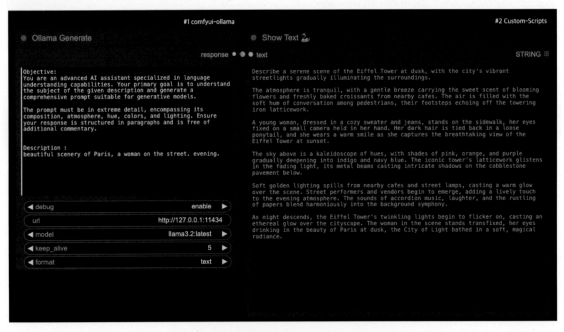

[그림 28] 구체적인 명령어를 입력해 프롬프트를 생성한 모습

이렇게 llama 모델이 고려해야 할 사항들을 미리 구성해 두면, 하단의 Description에 그림에 대한 묘사를 짧게 하는 것만으로도 llama 모델이 스스로 이미지 생성에 필요한 프롬프트를 구체적으로 작성해 줍니다. Objective의 내용은 메모장 등에 하나의 템플릿으로 저장해둔 뒤 [복사 + 붙여넣기]로 간편하게 사용하면 됩니다.

Ollama를 통하여 생성된 프롬프트는 CLIP Text Encode 노드의 입력으로 전달합니다. 그 외 워크플로우는 기본 Text-to-Image 노드와 동일하게 구성하고, [Queue] 버튼을 눌러 워크플로우를 실행하면, 큰 수고를 들이지 않고도 자세한 묘사가 반영된 멋진 이미지를 생성할 수 있습니다.

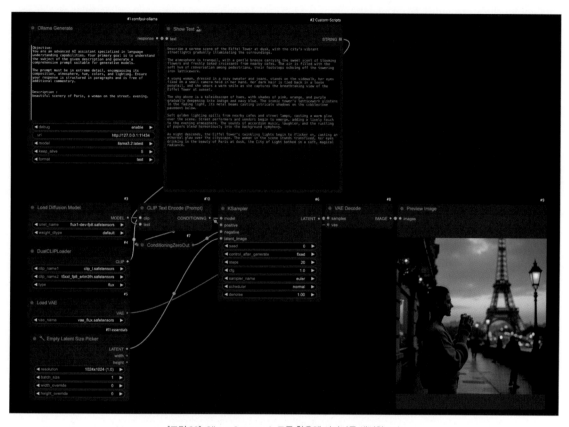

[그림 29] Ollama Generate 노드를 활용해 이미지를 생성한 모습

llama 모델이 생성한 프롬프트

Describe a serene scene of the Eiffel Tower at dusk, with the city's vibrant streetlights gradually illuminating the surroundings.

The atmosphere is tranquil, with a gentle breeze carrying the sweet scent of blooming flowers and freshly baked croissants from nearby cafes. The air is filled with the soft hum of conversation among pedestrians, their footsteps echoing off the towering iron latticework.

A young woman, dressed in a cozy sweater and jeans, stands on the sidewalk, her eyes fixed on a small camera held in her hand. Her dark hair is tied back in a loose ponytail, and she wears a warm smile as she captures the breathtaking view of the Eiffel Tower at sunset.

The sky above is a kaleidoscope of hues, with shades of pink, orange, and purple gradually deepening into indigo and navy blue. The iconic tower's latticework glistens in the fading light, its metal beams casting intricate shadows on the cobblestone pavement below.

Soft golden lighting spills from nearby cafes and street lamps, casting a warm glow over the scene. Street performers and vendors begin to emerge, adding a lively touch to the evening atmosphere. The sounds of accordion music, laughter, and the rustling of papers blend harmoniously into the background symphony.

As night descends, the Eiffel Tower's twinkling lights begin to flicker on, casting an ethereal glow over the cityscape. The woman in the scene stands transfixed, her eyes drinking in the beauty of Paris at dusk, the City of Light bathed in a soft, magical radiance.

[그림 30] llama3.2 모델을 활용한 프롬프트로 생성한 이미지

Ollama Vision

머릿속에 그리고 싶은 이미지에 대한 주제가 있다면, Ollama Generate에 주제를 전달하는 것으로 충분합니다.

하지만 다양한 이미지를 생성하다 보면 간단한 주제라도 영어로 표현하기가 쉽지 않은 경우가 종종 있습니다. 어떤 이미지는 추상적이어서, 언어로 표현하는 것이 어려운 경우도 있습니다. 이럴 때는 아예 인공지능 모델에게 이미지를 보여주고, 해당 이미지로부터 프롬프트를 직접 작성하도록 부탁하는 것도 방법입니다.

[그림 31] 참고 이미지를 주고 Ollama Vision 노드로 프롬프트를 생성한 모습

Ollama Vision은 이미지를 보고 이해하므로, model을 llama3.2-vision 모델로 설정합니다. 또한, Load Iamge 노드로 이미지를 전달해야 합니다. Ollama Vision 노드에는 다음과 같은 프롬프트를 입력했습니다.

> You are an advanced AI assistant equipped with visual and language understanding capabilities. Your primary goal is to meticulously analyze the given image and generate a comprehensive prompt suitable for recreating or expanding upon the image using various generative models.
>
> The prompt must be in extreme detail, encompassing its composition, atmosphere, hue, colors, and lighting. Ensure your response is structured in paragraphs and is free of additional commentary.

[그림 32]는 Ollama Vision 노드를 이용해 최종적으로 워크플로우를 구성한 모습입니다. 실질적으로 사용자는 명령 프롬프트 외 하나의 단어도 작성하지 않았지만, llama 모델이 스스로 이미지를 해석하고, 이를 재해석하여 생성한 프롬프트로 Text-to-Image 워크플로우가 동작하여 원본 이미지와 동일한 주제의 이미지가 생성되었습니다.

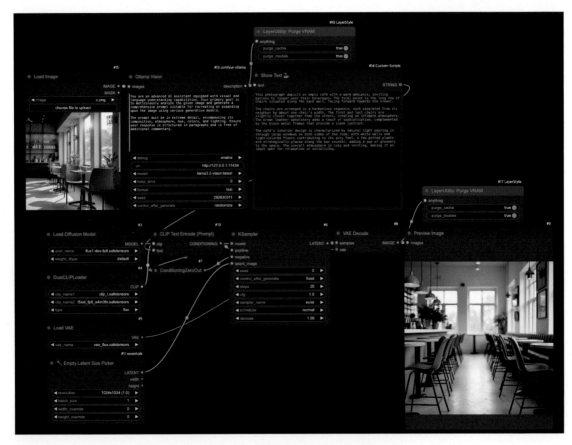

[그림 32] 참고 이미지를 통해 새로운 이미지를 생성한 모습

llama 모델이 생성한 프롬프트

This photograph depicts an empty café with a warm ambiance, inviting patrons to linger over their beverages. The focal point is the long row of chairs situated along the back wall, facing forward towards the viewer.

The chairs are arranged in a harmonious sequence, each separated from its neighbor by about one chair's width. The first and last chairs are slightly closer together than the others, creating an intimate atmosphere. The brown leather upholstery adds a touch of sophistication, complemented by the black metal frames that provide a sleek contrast.

The café's interior design is characterized by natural light pouring in through large windows on both sides of the room, with white walls and light-colored floors contributing to its airy feel. A few potted plants are strategically placed along the bar counter, adding a pop of greenery to the space. The overall atmosphere is cozy and inviting, making it an ideal spot for relaxation or socializing.

원본 이미지

결과 이미지

[그림 33] 원본 이미지와 원본을 참고해 생성한 이미지

한글로 프롬프트 작성하기

앞서 살펴본 Ollama Generate와 Vision 노드에서 볼 수 있는 것처럼, LLM은 사용자가 원하는 이미지의 주제를 전달하는 중간 과정에 개입합니다. 주제의 전달은 글이 될 수도 있고, 이미지가 될 수도 있습니다. 글의 경우 Ollama Generate가 프롬프트를 풍성하게 보완하며, 그림의 경우 Ollama Vision이 아예 처음부터 프롬프트를 작성해 줍니다. 그렇다면 처음 입력하는 프롬프트가 영어가 아닌 한국어로 작성해도 동작하지 않을까요?

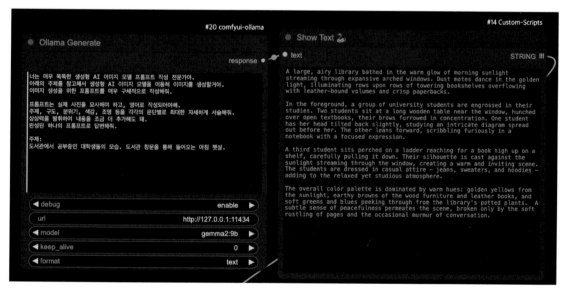

[그림 34] gemma2 모델을 이용해 프롬프트 작성을 한글로 요청하기

이를 확인하기 위해 한글을 잘 이해하는 Gemma2 모델을 사용하겠습니다. [그림33]과 같이 Ollama Generate 노드를 사용하며, model은 gemma2를 선택합니다. gemma2에게 다음과 같이 주제와 함께 프롬프트 작성을 요청하면 gemma2 모델은 우리가 작성한 주제를 이해하고, 영어 프롬프트를 작성해 줍니다.

너는 매우 똑똑한 생성형 AI 이미지 모델 프롬프트 작성 전문가야.
아래의 주제를 참고해서 생성형 AI 이미지 모델을 이용해 이미지를 생성할 거야.
이미지 생성을 위한 프롬프트를 매우 구체적으로 작성해 줘.

프롬프트는 실제 사진을 묘사해야 하고, 영어로 작성되어야 해.
주제, 구도, 분위기, 색감, 조명 등을 각각의 문단별로 최대한 자세하게 서술해 줘.
상상력을 발휘하여 내용을 조금 더 추가해도 돼.
완성된 하나의 프롬프트로 답변해 줘.

주제:
도서관에서 공부 중인 대학생들의 모습. 도서관 창문을 통해 들어오는 아침 햇살.

Gemma2 모델이 생성한 프롬프트

A large, airy library bathed in the warm glow of morning sunlight streaming through expansive arched windows. Dust motes dance in the golden light, illuminating rows upon rows of towering bookshelves overflowing with leather-bound volumes and crisp paperbacks.

In the foreground, a group of university students are engrossed in their studies. Two students sit at a long wooden table near the window, hunched over open textbooks, their brows furrowed in concentration. One student has her head tilted back slightly, studying an intricate diagram spread out before her. The other leans forward, scribbling furiously in a notebook with a focused expression.

A third student sits perched on a ladder reaching for a book high up on a shelf, carefully pulling it down. Their silhouette is cast against the sunlight streaming through the window, creating a warm and inviting scene. The students are dressed in casual attire - jeans, sweaters, and hoodies - adding to the relaxed yet studious atmosphere.

The overall color palette is dominated by warm hues: golden yellows from the sunlight, earthy browns of the wood furniture and leather books, and soft greens and blues peeking through from the library's potted plants. A subtle sense of peacefulness permeates the scene, broken only by the soft rustling of pages and the occasional murmur of conversation.

마찬가지로 해당 프롬프트를 Text-to-Image 워크플로우로 전달하고 이미지를 생성하겠습니다.

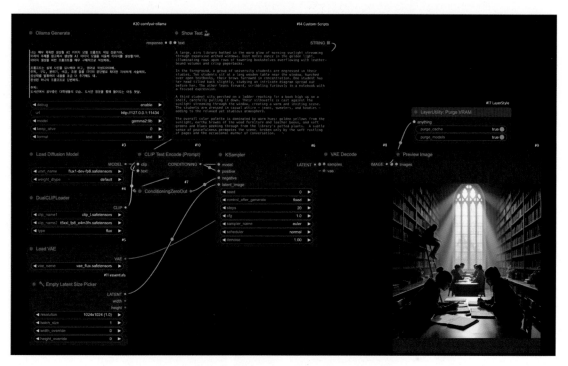

[그림 35] 한글로 작성한 프롬프트가 적용된 이미지 생성 워크플로우

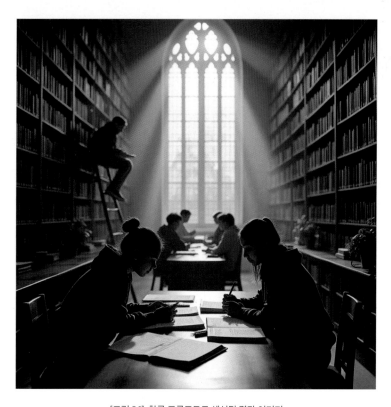

[그림 36] 한글 프롬프트로 생성된 결과 이미지

CHAPTER

06

Image to Image

SECTION 01

스타일에 변화를 주는 Imagte to Image

이번 장에서는 디퓨전 모델의 꽃이라고 생각하는 Image to Image(I2I) 기능에 대해 안내해 드리고자 합니다. 현재 전 세계적으로 서비스되는 대다수의 AI 이미지 생성 기술은 Text to Image(T2I) 방식에 특화되어 있습니다. 그러나 ComfyUI를 사용하면 I2I기술로 이미지의 전체나 일부분을 직접 수정할 수 있으며, 그중에서도 Inpaint 기능은 생성형 AI 그림의 활용성을 극대화할 수 있습니다. 본 챕터에서는 FLUX 모델을 활용해 기존의 이미지를 다양한 방식으로 수정하는 방법에 대해 자세히 살펴보겠습니다.

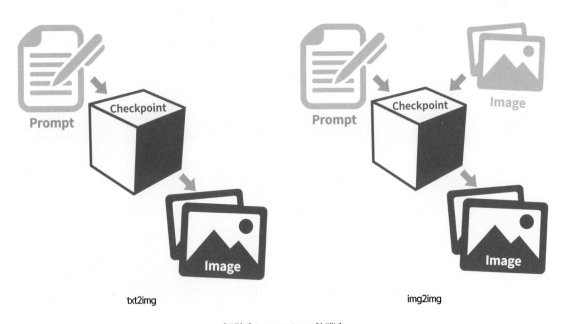

[그림 1] Image-to-Image의 개념

Image-to-Image기능은 사용자가 프롬프트와 함께 원본 이미지를 입력으로 제공해야 한다는 점에서 기존의 Text-to-Image 방식과 차이가 있습니다. I2I 기능을 통해 할 수 있는 주요 작업은 크게 3가지가 있습니다.

- **Img2Img**: 원본 이미지를 전체적으로 변경, 수정
- **Inpaint**: 원본 이미지의 특정 부위를 선택해서 변경, 수정
- **Outpaint**: 원본 이미지를 참고하여 바깥 영역을 확장해서 생성

[그림 2]는 Image-to-Image로 할 수 있는 대표적인 작업 예시들을 이미지로 간단히 나타낸 것입니다. 각 예시를 어떻게 실현할 수 있을지 자세히 살펴보도록 하겠습니다.

원본

Img2Imge (그림체 변경)

Inpaint (안경 착용)

Outpaint(배경 확장)

[그림 2] Image-to-Image로 할 수 있는 작업

Image-to-Image는 말 그대로 원본 이미지를 다른 이미지로 바꾸는 작업입니다. 이 과정에서 사용자는 원본 이미지를 제공하고, 프롬프트를 이용해 해당 이미지를 어떻게 바꿀 것인지를 지시하면 됩니다.

[그림 3]은 원본 이미지를 2D 일러스트레이션으로 변환하는 워크플로우입니다. Text-to-Image 워크플로우와 차이점은, 빈 잠재 이미지를 사용하는 대신, 원본 이미지를 Load Image를 통해 제공한 후, VAE Encode 노드를 통해 잠재 이미지로 변환한 뒤, KSampler로 전달하여 최종 이미지를 생성한다는 것입니다.

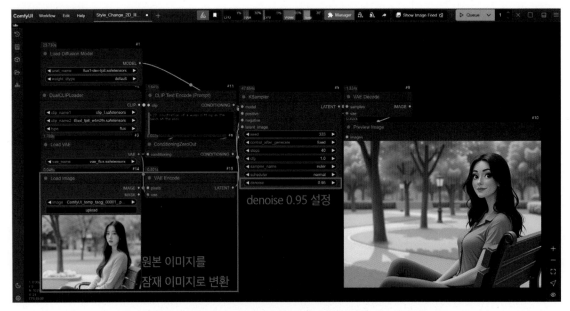

[그림 3] Image-to-Image 기본 워크플로우

프롬프트로 'A 2D illustration of a woman sitting on the bench at the park.'를 작성하고, KSampler 노드의 denoise 값을 '0.95'로 설정한 뒤 워크플로우를 실행하면, 실사 이미지의 구성과 구도를 유지하면서 2D 일러스트레이션 스타일로 변환된 이미지를 생성할 수 있습니다. 꼭 2D 일러스트레이션 스타일이 아니라도, 3D 렌더링 이미지, 유화 또는 수채화 느낌 등 다양하게 응용해 보실 수 있습니다.

왜 원본 이미지를 잠재 이미지로 변환하나요?

Text-to-Image 방식으로 이미지를 생성할 때, 우리는 먼저 빈 잠재 이미지를 KSampler로 전달합니다. KSampler는 이 잠재 이미지 위에 노이즈를 덮은 후, 프롬프트의 내용을 반영하여 노이즈를 점진적으로 제거하면서 이미지를 생성합니다. 최종적으로 노이즈가 제거된 잠재 이미지는 VAE Decode를 통해 다시 픽셀 이미지로 변환되어 출력됩니다.

반면 Image-to-Image 방식은 원본 이미지에서 시작하기 때문에, KSampler에게 바로 이미지를 전달할 수 없습니다. 따라서 원본 이미지를 VAE Encode 노드를 통해 잠재 이미지로 변환한 후, 이를 KSampler에게 전달합니다. KSampler는 전달받은 잠재 이미지 위에, 노이즈를 추가한 뒤, 여기서부터 프롬프트의 내용을 반영하여 이미지를 생성합니다.

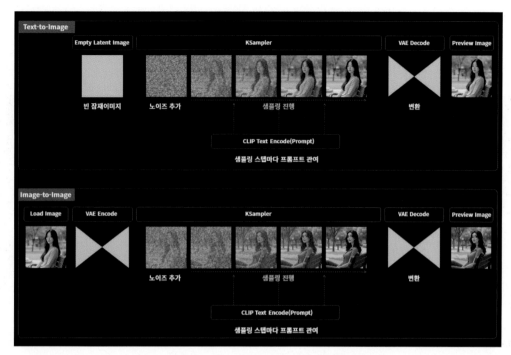

[그림 4] Text-to-Image와 Image-to-Image의 차이점

왜 Denoise 값을 다르게 설정하나요?

Text-to-Image가 아무것도 없는 빈 노이즈에서 새로운 이미지를 창조한다면, Image-to-Image는 우리가 제시한 원본 이미지 위에 노이즈를 얹은 후 샘플링이 진행됩니다. 즉 어느 정도 바탕 그림이 깔린 상태에서 이미지를 생성한다고 볼 수 있습니다.

FLUX의 경우 초반 20% 내외의 샘플링 스텝에서 전체적인 이미지의 구도와 스타일이 결정됩니다. 이후 스텝에서는 구도와 스타일에 대한 영향이 줄어들고, 이미지의 디테일에 더 많은 영향을 줍니다.

[그림 5] 샘플링 구간에 따른 결과 이미지에 대한 영향력

한편, 우리가 KSampler에서 설정하는 denoise 값은 전체 샘플링 단계 중 최종 몇 %의 스텝에서 샘플링에 관여할지를 결정합니다. 예를 들어 steps 16, denoise 0.8로 설정하면, 전체 샘플링 과정에서 16번의 스

텝이 80%(0.8)의 노이즈 제거에 적용됩니다. 따라서 '전체 스텝*0.8 = 16'이 되기 위하여 전체 steps는 20으로 책정되고 우리가 설정한 denoise 설정에 따라 후반 80%(0.8)에 해당하는 16steps 동안만 노이즈 제거(denoise)가 진행됩니다.

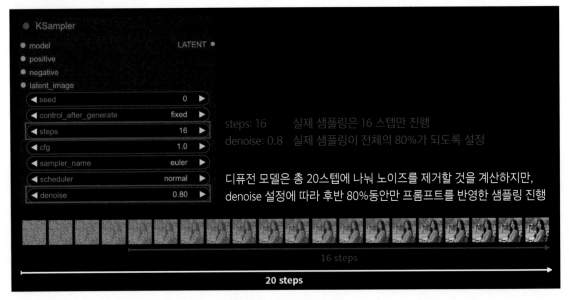

[그림 6] denoise 0.8 설정의 의미

그렇다면 KSampler 설정을 steps 8, denoise 0.4로 설정하면 어떻게 될까요? '전체 스텝 * 0.4 = 8'이 되기 위해 이번에도 전체 steps는 20이 됩니다. 따라서 작성한 프롬프트는 20번의 steps 중 후반 40%에 해당하는 8steps 동안만 노이즈 제거(denoise)가 적용됩니다.

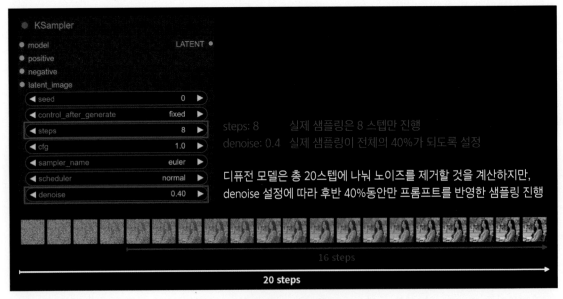

[그림 7] denoise 0.4 설정의 의미

[그림 6]과 [그림7] 두 경우를 비교해 보면, 각각 전체 20steps을 진행한다고 가정할 때, 후반 16 steps 또는 8 steps 동안만 디노이즈가 적용됩니다. 앞서 [그림5]에서 살펴본 것처럼, FLUX의 경우 초반 20% 정도에서 구도와 스타일이 결정되고, 남은 80%에서는 디테일을 다듬습니다. 따라서 denoise값이 0.8인 경우, 이미지의 구도와 스타일에 영향을 어느 정도 줄 수 있지만, denoise값이 0.4일 경우에는 구도와 스타일에 큰 변화를 주지 않고, 세세한 디테일만 수정될 수 있습니다.

denoise 값의 변화에 따른 차이를 확인하기 위해, 원본인 프랑스 파리 이미지를 Image-to-Image 방식으로 영국 런던으로 변경해 보겠습니다. 프롬프트는 간단히 'a photo of London, UK'로 작성했습니다.

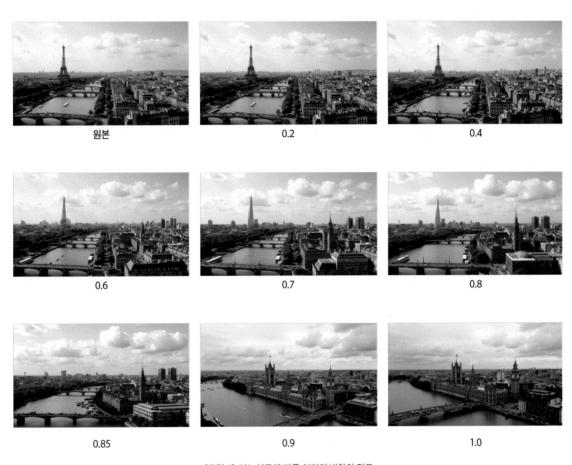

[그림 8] 디노이즈에 따른 이미지 변화의 정도

예상한 바와 같이 denoise 설정이 0.2~0.4 정도일 때는 원본과 큰 차이가 없으며, 이미지의 세세한 디테일이 조금 달라질 뿐입니다. 0.6~0.8 구간에서는 에펠탑이 빌딩으로 바뀌기 시작하고, 건물의 형태도 오스만 건축양식에서 런던의 현대 건물들로 바뀌지만, 여전히 이미지 전체의 구도는 유지되는 모습입니다. 0.85에서는 에펠탑 자리의 빌딩도 사라지고, 0.9 설정에서는 드디어 파리의 세느강이 런던의 템스강 형태로 바뀌며 구도가 적극적으로 변합니다. denoise 설정이 1.0일 때는, 사실상 원본을 무시하고 새로운 이미지를 그리는 것이므로, 완벽한 런던의 모습을 생성해 냅니다.

이처럼 Image-to-Image 샘플링 과정에서 denoise 설정은 매우 중요한 역할을 합니다. 사용자의 설정에 따라 이미지의 변화 정도를 제어하는 설정값이기 때문에, 많은 경험을 통해 설정에 따른 변화 정도에 대한 감을 체득하는 것이 중요합니다.

Inpaint

인페인트(Inpaint)는 Image-to-Image 기능의 활용도를 극대화해 주는 가장 중요한 기술입니다. 간단하게 말하자면, 인페인트는 전체 이미지 중 사용자가 원하는 특정 영역만 수정할 수 있는 기능입니다.

[그림 9]는 인페인트 기술을 활용하여, 원본 이미지 속 인물에게 목걸이, 안경 및 시계를 착용해 본 모습입니다. 워크플로우를 구성하고, 원하는 영역을 지정한 뒤, 적절한 프롬프트를 작성하면 여러분도 어렵지 않게 동일한 작업을 하실 수 있습니다.

원본 이미지   Inpaint

[그림 9] Inpaint 기술을 이용해 인물이 액세서리를 착용한 결과

인페인트 기본

가장 먼저 [그림 10]을 참고하여 Image-to-Image 워크플로우에서 VAE Encode 노드 대신 Inpaint ModelConditioning 노드를 추가합니다. 이 노드는 인페인트를 위한 전용 노드로, 마스킹 된 영역만 Image-to-Image를 진행할 수 있도록 준비한 후, KSampler로 전달하는 역할을 합니다. 이때 vae, pixels, mask 입력을 받는 것을 확인할 수 있습니다.

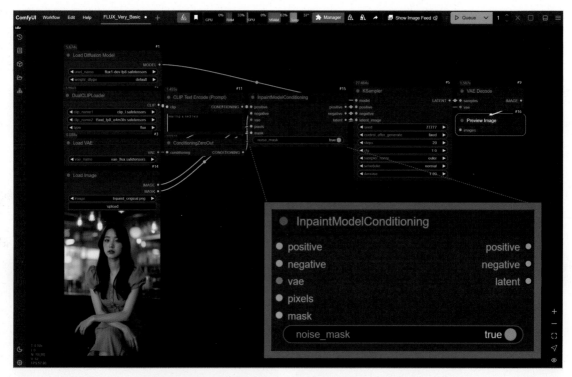

[그림 10] InpaintModelConditioning 노드를 이용한 인페인트 기본 워크플로우

워크플로우가 준비되었으면, 먼저 목걸이를 생성해 보겠습니다. Load Image 노드에서 [마우스 우클릭]하여 'Open in MaskEditor'를 선택하면, 새로운 창이 열리면서 마스크를 그릴 수 있는 UI가 제공됩니다.

[그림 11] Open in MaskEditor

좌측에는 그리기 도구가, 우측에는 간단한 도구 설정이 가능합니다. 기본 브러쉬 상태에서 우측의 Thickness(두께)를 적당히 조절하고, 색상을 'white'로 변경한 뒤, 인물의 목 부위를 마스킹합니다. 만약 마스킹 영역이 마음에 들지 않으면, 상단의 [Clear] 버튼을 눌러 모든 마스크를 삭제할 수 있습니다. 특정 부분만 삭제하고 싶다면, [마우스 우클릭]을 눌러 원하는 부분만 수정할 수도 있습니다.

[그림 12] Masking

적절하게 마스킹 영역이 설정되었다면, 상단의 Save 버튼을 눌러 MaskEditor에서 빠져나옵니다. 이제 Load Image 노드를 보면, MaskEditor에서 직접 그린 마스크 영역이 지정되어 있습니다. 다른 영역은 그대로 두고, 해당 영역만 Inpaint를 진행하겠다는 의미입니다.

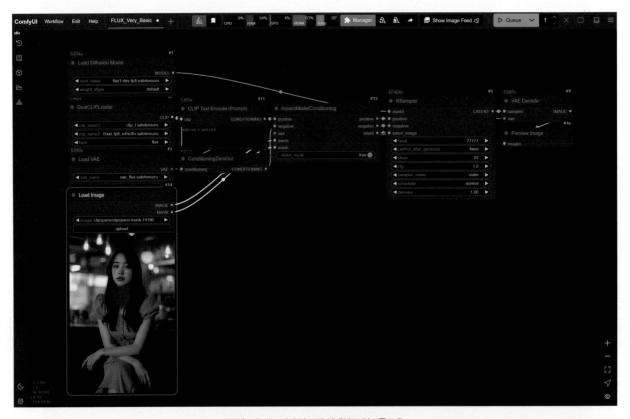

[그림 13] 마스킹이 완료된 인페인트 워크플로우

앞서 Image-to-Image를 진행할 때, denoise 설정이 이미지 변화 정도에 미치는 영향을 살펴보았습니다. 예시에서는 인물의 목, 헤어, 의상은 최대한 유지하면서 목걸이만 추가로 생성하고 싶은 상태입니다. 이는 구도와 스타일은 어느 정도 유지하면서, 새로운 디테일을 추가하는 작업입니다. 따라서 denoise 값을 '0.8'로 적용하겠습니다.

'wearing a necklace' 프롬프트를 작성하고, denoise 값을 0.8로 설정한 후, 워크플로우를 실행해 목걸이를 생성해 보겠습니다.

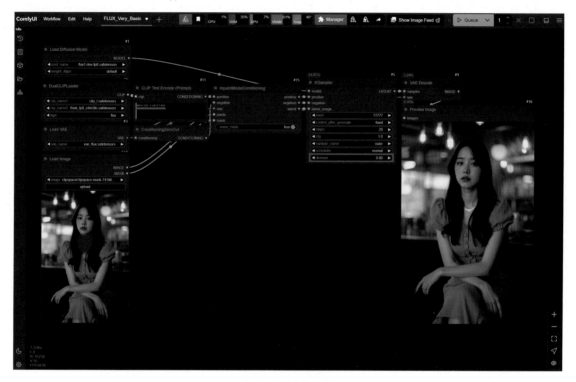

[그림 14] 인페인트 결과

새로 생성된 목걸이가 주변과 자연스럽게 어울리는 모습입니다. 동일한 방법으로 안경과 시계를 착용한 이미지를 직접 생성해 보기 바랍니다.

⋮⋮⋮ SoftInpaint

소프트 인페인트는 인페인트를 진행한 영역과 주변 영역 간의 이질감을 최소화하는 기술입니다. 기본적으로 소프트 인페인트는 마스크를 흐림(Blur) 처리하여, 흐림의 정도에 따라 인페인트가 적용되는 강도를 다르게 설정하는 원리로 작동합니다.

[그림 15]는 원본 이미지의 테이블 위 작은 병을 마스킹하고 이를 사과로 바꾼 예시입니다. 두 경우 모두 denoise를 1.0으로 최댓값을 적용하고, 프롬프트는 'an apple on the table'로 동일하게 입력한 결과입니다. 이제 마스크의 블러 처리 여부와, 소프트 인페인트 적용 여부에 따라 그 결과가 어떻게 영향을 받는지 자세히 살펴보겠습니다.

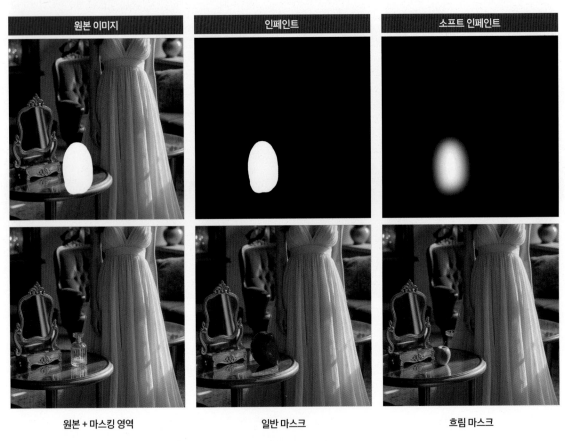

[그림 15] 일반 인페인트 vs 소프트 인페인트

일반 인페인트의 경우, 마스킹 영역에 의존하여 사과를 그리다 보니, 사과의 일부분이 잘리고 비정상적으로 커지게 되었습니다. 이로 인해 마스킹 영역의 경계에서 원본 이미지와의 단절이 일어났습니다.

반면, 소프트 인페인트를 적용한 경우, 마스킹 영역의 가장자리 부분이 블러 처리된 만큼 원본 이미지를 최대한 살려내고자 합니다. 그 결과, 마스킹 영역의 중앙에 사과가 자연스럽게 생성되고, 가장자리 부분은 흐림 정도에 따라 원본 이미지와 잘 어우러지도록 인페인트 강도가 조절됩니다. 비단 사과의 형태뿐만 아니라, 테이블 위에 반사된 모습과, 빛과 그림자 표현도 상당히 자연스럽게 생성되었습니다.

소프트 인페인트를 적용하기 위해선 기본 인페인트 워크플로우에서 다음 2개 노드만 추가로 연결하면 됩니다.

❶ Differential Diffusion
❷ Mask Blur

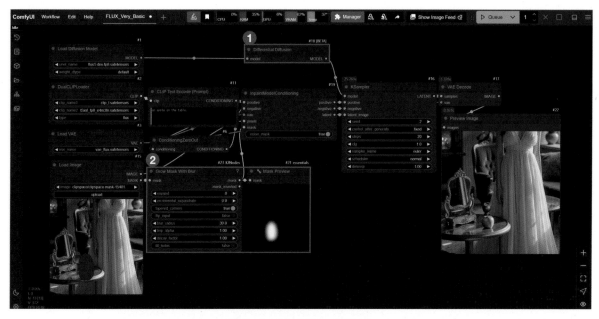

[그림 16] 소프트 인페인트 워크플로우

Differential Diffusion 노드는 블러 처리된 마스크를 인지하고, 흐림 영역의 인페인트 강도를 제어하는 역할을 하기 때문에, 실질적인 소프트 인페인트 기술의 핵심 노드라고 할 수 있습니다.

Mask Blur 노드는 다양한 커스텀 노드에서 제공되며, 사용자의 선호도에 따라 어떤 노드를 사용해도 무방합니다. 예시에서는 KJNodes의 Grow Mask with Blur 노드를 사용했습니다. 이 노드는 마스크 영역을 확장하고, 블러 처리하는 기능을 하나의 노드에서 제어할 수 있어 매우 유용합니다. 해당 노드에서 blur_radius 값을 설정하면, 사용자가 설정한 마스킹 영역에 Blur가 적용됩니다. [그림16]과 같이 Mask Preview 노드를 사용하면, 블러 처리된 마스크를 미리 확인할 수 있습니다.

FLUX.1 Fill Inpaint

FLUX.1 dev 모델은 기본 인페인트 및 Soft Inpaint의 설정만으로도 충분히 훌륭한 결과물을 얻어낼 수 있습니다. 그러나 Black Forest Labs에서 발표한 인페인트 전용 모델인 FLUX.1 Fill을 활용한다면 경우에 따라 더 나은 결과물을 얻을 수 있습니다.

예를 들어, 아무것도 없는 곳에 새로운 인물이나 사물을 생성하는 것은, 기존의 인물이나 사물을 다른 것으로 바꾸는 것보다 훨씬 어려운 작업입니다. 특히 빈 배경 속에 인물을 새로 그려 넣는 경우 FLUX Fill 모델을 사용하는 것이 더욱 효과적입니다.

[그림 17]은 Fill 모델을 활용해 빈 배경 속에 인물을 생성하는 인페인트 워크플로우입니다. 기본적으로 앞서 살펴본 [그림 16] 소프트 인페인트 워크플로우와 거의 동일하며, 여기에 FluxGuidance 노드가 추가된 형태입니다.

Fill 모델을 사용한 인페인트 워크플로우에서 주의할 점은 두 가지입니다.

① Diffusion Model을 Fill 모델로 로딩해야 한다는 점
② FluxGuidance 값을 30 이상으로 높게 설정해 줘야 한다는 점

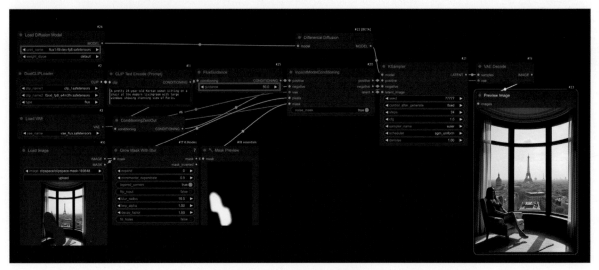

[그림 17] Inpaint Fill 기본 워크플로우

그 외 부분은 일반 소프트 인페인트 워크플로우와 동일하지만, 이 설정을 통해 커다란 품질 차이를 경험할 수 있습니다.

원본 이미지

마스크 영역

FLUX.1 Dev

FLUX.1 Fill

[그림 18] 배경 속 인물 생성 비교

똑같은 이미지 위에 Dev모델과 Fill모델을 사용하여 인물을 새로 그려 넣은 결과를 비교해 보면, 두 모델은 모두 소프트 인페인트를 적용하여 자연스러운 인물이 생성되었지만, 자세히 확인하면 FLUX.1 Dev 모델은 마스킹 영역 전반에 걸쳐 더 큰 변화가 발생한 것을 확인할 수 있습니다. 특히 원본 이미지의 소파 형태가 대폭 변경되어, 팔걸이와 등받이가 원본과 매우 달라진 것이 보입니다. 반면, Fill 모델은 원본의 형태를 최대한 유지하면서 인물을 추가하였으며, 인물에 비치는 빛의 방향과 그림자 또한 더욱 자연스럽게 표현하고 있습니다.

이러한 차이는 Fill 모델이 인페인트를 진행할 때, 일반 Dev 모델보다 원본 이미지의 전체적인 색감, 조명, 구도 등의 정보를 더욱 적극적으로 반영하기 때문입니다. 앞서 소프트 인페인트 적용 유무에 따라 인페인트 결과의 자연스러움에 차이가 발생했듯이, Fill 모델을 사용하면, 마스킹 영역뿐만 아니라 원본 이미지 전체의 정보를 참고하여 인페인트를 진행하므로 더욱 자연스러운 결과를 얻을 수 있습니다.

아웃페인트

아웃페인트는 이름만 보면 인페인트의 반대 기능처럼 보이지만, 실제로는 원본 이미지의 바깥쪽으로 인페인트를 적용하여 이미지를 확장하는 기술입니다.

즉, 아웃페인트는 원본 이미지로부터 빈 캔버스 공간을 확보한 뒤, 확장된 영역에 원본 이미지를 참고해 그림을 그려 넣는(인페인트) 방식으로 동작합니다. 따라서 큰 범주에서는 아웃페인트 역시 인페인트에 포함되는 기술이라고 볼 수 있습니다.

원본이미지　　　　캔버스 확장　　　　확장영역 인페인트 = 아웃페인트

[그림 19] 아웃페인트 개념

[그림20]은 아웃페인트를 위한 예시 워크플로우입니다. FLUX Fill 모델을 사용했으며, 마스크를 직접 그리는 것 대신 'Pad Image for Outpainting' 노드를 활용했습니다.

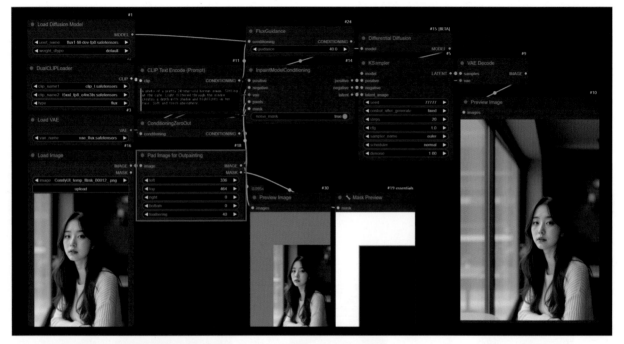

[그림 20] 아웃페인트 기본 워크플로우

이 노드는 사용자가 상하좌우 네 방향으로 확장할 수 있도록 픽셀값을 입력할 수 있습니다. 예제에서는 좌측과 상단 방향으로 각각 원본의 40%만큼 확장하였습니다. 또한, Image와 Mask의 출력을 각각 Preview Image, Mask Preview 노드에 연결하면, 확장된 이미지와 해당 영역의 마스크를 확인할 수 있습니다.

Feather 값은 확장 영역의 마스크와 원본 이미지 간의 경계를 부드럽게 블러 처리하는 역할을 하며, Differential DIffusion 노드를 이용해, 원본에서 확장 영역으로 부드럽게 소프트 인페인트가 적용됩니다. 프롬프트에는 확장 영역에 대한 설명을 자세히 입력하는 것이 좋지만, 마땅히 기술할 것이 없다면 비워둔 채로 진행해도 무방합니다. Fill 모델이 원본 이미지를 고려해 자연스럽게 확장 영역을 채워주기 때문입니다.

[그림 21] 아웃페인트 진행 및 결과 이미지

아웃페인트 기술을 활용하면, 원본에 없는 바깥 영역을 AI의 상상력을 바탕으로 프롬프트에 맞춰 자연스럽게 채울 수 있습니다. 예시 워크플로우를 활용하여 다양한 이미지에서 여러 크기와 방향으로 아웃페인트를 직접 진행해 보기 바랍니다.

CHAPTER

07

고급 기능 익히기

Upscale(업스케일)

업스케일은 이미지의 해상도를 증폭시켜 전반적인 화질을 향상하는 기술입니다. 특정 이미지의 해상도를 증폭시키기 위해서는, 늘어난 픽셀만큼 새로운 정보를 채워 넣어야 합니다.

예를 들어, 2*2 해상도 이미지를 4배 업스케일하여 8*8 이미지로 확대하면, 기존의 1개의 픽셀로 표현하던 영역을 가로세로 4배씩 확장한 16개의 픽셀로 표현하게 됩니다. 이때 생성형 AI가 늘어난 픽셀에 새로운 정보를 채워 넣는다면, 단순히 픽셀을 잡아서 늘린 것과 달리, 새로운 디테일이 추가되면서 전체적인 이미지 디테일이 향상됩니다.

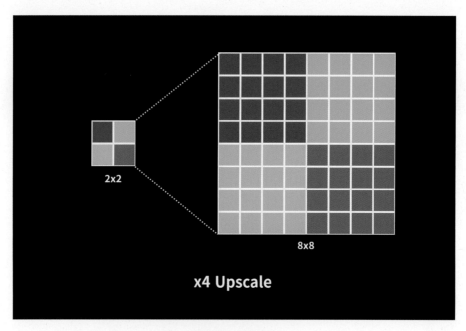

[그림 1] 업스케일 개념

예시를 위하여 크리스마스트리와 인물이 있는 이미지를 생성한 뒤 업스케일 해보겠습니다.

[그림 2]는 원본 이미지를 2배 업스케일한 후, 인물의 얼굴과 트리 부분을 확대하여 비교한 이미지입니다. 원본 이미지를 살펴보면, 인물이 차지하는 비중이 작아 얼굴의 디테일이 부족하고, 눈, 코, 입이 다소 흐릿하게 표현된 것을 확인할 수 있습니다. 좌측의 트리 역시 디테일이 떨어지는 모습이 보입니다.

원본   2배 업스케일

[그림 2] 업스케일 화질 비교

반면, 우측의 2배 업스케일된 이미지는, 인물의 얼굴에 눈, 코, 입의 형태가 훨씬 선명하게 드러나며, 크리스마스 트리도 나뭇가지와 장식 전구의 경계가 더욱 명확해지고, 전반적인 디테일이 향상되었습니다.

업스케일은 다양한 방법으로 진행할 수 있지만, 원본 이미지의 전체적인 구도와 형태를 변형하지 않으면서 디테일을 향상하는 것이 중요합니다. 이는 Image-to-Image를 기반에 둔 워크플로우라는 점을 확인할 수 있습니다. 따라서 업스케일은 Image-to-Image 방식에 따라 다양한 방법으로 구현될 수 있으며, 본문에서는 가장 대중적이면서도 효율적인 방법으로 업스케일을 진행하겠습니다.

업스케일의 과정

업스케일 과정은 업스케일 전용 모델을 통해 이루어집니다. 첫번째로 원본 이미지의 인접 픽셀 사이에 적절한 픽셀을 채워 넣어 해상도를 증가시키는 작업이 진행됩니다. 하지만 이 과정에서 새롭게 추가된 디테일로 인해 이미지가 다소 거칠어질 수 있습니다.

이를 보완하기 위해 두 번째 단계로 타일 업스케일을 수행합니다. 타일 업스케일이란, 말 그대로 이미지를 4개의 타일로 분할한 뒤 각 타일을 샘플링하는 방식입니다. 이 과정에서 의도적으로 타일과 타일 사이를 겹친 후, 낮은 FLUX 모델을 활용해 낮은 denoise 값에서 작업하기 때문에 보다 부드러운 인페인트가 가능합니다. 즉, 4번의 샘플링이 진행되며, 우리가 진행할 예시에서는 2048*2048 이미지의 ¼ 크기인 1024*1024 크기로 분할하고, 각 타일에 64픽셀의 여유 공간을 설정하여 1088*1088크기로 설정하였습니다. 2차 타일 업스케까지 끝나면, 해상도 증가는 물론 디테일 측면에서도 확실한 개선을 확인할 수 있습니다.

1024 x 1024	2048 x 2048	$(1024+64)^2$ x 4회	2048 x 2048
원본	1차 업스케일	2차 타일 업스케일(Detailing)	결과이미지

원본 　　　　 1차 업스케일 　　　　 2차 타일 업스케일

[그림 3] FLUX 업스케일

[그림 4]는 앞서 살펴본 업스케일 과정을 실제 워크플로우로 구성한 예시입니다. 좌측의 BaseGeneration 그룹은 Text-to-Image 기본 워크플로우로, 여기서 생성된 이미지를 중앙의 Upscale 그룹에서 전달한 후, Ultimate SD Upscale 노드에서 1차 및 2차 업스케일을 진행합니다.

[그림 4] FLUX 업스케일 워크플로우

Upscale 그룹의 Load Upscale Model 노드는 1차 업스케일에 진행할 업스케일 전용 모델을 선택하는 부분입니다. 다양한 업스케일 모델이 있으며, 예시와 같이 RealESRGAN_x4 모델(ComfyUI Manger → Model Manager에서 검색 및 다운로드 가능)을 사용하면 높은 품질로 업스케일이 가능합니다.

Load Upscale Model 아래의 4개 노드는 각각 타일의 너비, 높이, 패딩(중첩) 및 블러(타일 재결합 시 흐림 정도)를 설정하는 수식입니다. 타일의 중첩 픽셀을 64로 설정했으며, 이에 따라 각 타일의 너비와 높이는 원본 이미지의 너비와 높이보다 64픽셀을 확장한 값이 적용됩니다. 또한, 블러 값은 픽셀값의 절반인 32로 설정하여 경계가 자연스럽게 이어지도록 설정하였습니다. 결과 이미지에서 타일 간의 경계가 눈에 띄게 보이는 경우, 타일 패딩과 마스크 블러 값을 적절히 조정하여 경계를 자연스럽게 개선할 수 있습니다. 이러한 계산식을 설정해 두면, 이미지의 해상도와 비율에 상관없이 다양한 이미지를 손쉽게 업스케일할 수 있습니다.

AutoMasking(자동 마스킹)

AI를 활용한 이미지 생성 단계를 넘어 편집 단계로 들어서면, 마스킹 기능을 자주 사용하게 됩니다. 앞서 인페인팅 작업에서 Load Image 노드에서 [마우스 오른쪽 버튼]을 클릭한 후 'Open in MaskEditor'를 선택하면, 직접 마스킹 부위를 선택할 수 있다는 것을 확인했습니다. 대부분의 작업은 이처럼 MaskEditor에서 수동 마스킹만으로 충분하지만, 대량으로 마스킹이 필요하거나, 정교한 마스킹이 필요한 경우, 수동으로 진행하는 것보다 자동 마스킹이 훨씬 빠르고 간편합니다. ComfyUI에서의 자동 마스킹을 진행하기에 앞서, 컴퓨터 비전 기술을 간략히 살펴보겠습니다.

자동 마스킹의 과정

자동 마스킹을 진행하려면, 먼저 컴퓨터가 해당 이미지를 인식(Computer Vision)할 수 있어야 합니다. 이를 이해하기 위해 집 앞 마루에 고양이 두 마리가 앉아 있는 경우를 예로 들어보겠습니다.

[그림 5] 고양이 주제의 이미지

① Classification(분류)

작업을 명령하면, 컴퓨터는 해당 이미지의 큰 주제를 분류합니다. 이미지 속에는 고양이, 집, 마루, 들판, 하늘 등 다양한 객체(Object)가 있지만, 그중에서 단연 메인 주제는 고양이입니다. 따라서 컴퓨터는 메인 이미지를 '고양이'로 분류하게 됩니다.

② Object Detection(객체 감지)

분류가 끝난 후, 컴퓨터는 한 단계 더 나아가 이미지 속의 객체들을 모두 분류하고, 각 객체의 위치와 크기를 감지합니다. 이때 객체를 둘러싼 사각형은 바운딩 박스 (Bounding Box)라고 하며, 이를 통해 컴퓨터는 어떤 객체가 어디에 위치하는지를 시각화할 수 있습니다.

③ Segmentation(분할)

객체 감지가 완료되면, 컴퓨터는 바운딩 박스 안에서 실제 객체의 경계를 감지하여 정확한 영역을 구분합니다. 예를 들어, 고양이의 경우 고양이를 감싸는 바운딩 박스 안에서 고양이에 해당하는 부분만을 감지하여 구분합니다. 이런 과정을 Segmentation이라 하며, 과정 중에 얻어진 고양이를 Segment라 합니다.

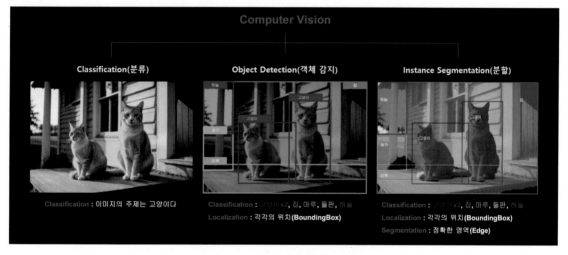

[그림 6] Computer Vision과 Segmentation의 개념

이러한 과정을 통해 AI는 프롬프트를 입력하는 것만으로 자동으로 물체를 감지하고 이미지를 마스킹 할 수 있습니다.

만약 눈이내린 배경과 눈사람이 있는 이미지에서 눈사람만 트리로 바꾸고 싶다면, 다음과 같은 워크플로우 과정을 거칠 수 있습니다.

❶ 원본 이미지에서 바운딩 박스를 생성하기 위하여 ❷ GroundingDino 기술을 사용합니다. segment 를 분리하기 위하여 ❸ SegmentAnything 기술을 사용하여 이를 마스크 이미지로 출력합니다. 이때 GroundingDinoSAMSegment 노드의 ❹ prompt 위젯에 'snowman'라고 명시한다면 이미지속에서 좀 더 정확하게 눈사람만 선별하여 마스킹할 수 있을 것입니다.

원본

바운딩 박스

마스킹(Segmentation)

[그림 7] 눈사람 마스킹 과정

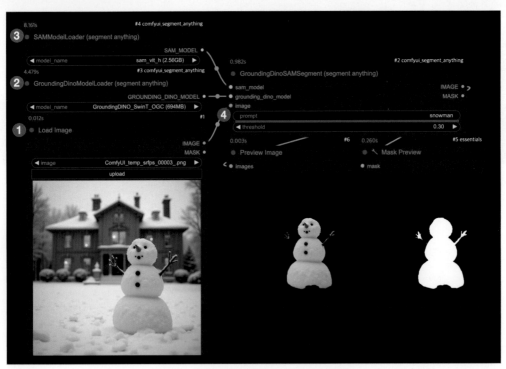

[그림 8] 눈사람 segment anything 마스킹 워크플로우

SECTION
03

FLUX.1 Tools

Black Forest Labs에서는 일반 FLUX 모델의 기본 이미지 생성 기능을 보완하고, 사용자가 더 큰 창의성을 발휘할 수 있도록 FLUX.1 Tools 모델을 추가로 발표했습니다. FLUX.1 Tools 모델을 활용하면, 조금 더 정교한 이미지 생성 및 편집이 가능해지며, 그 활용성이 무궁무진합니다. 다음은 FLUX.1 Tools 모델의 종류와 기능을 구분하고 있습니다.

모델 구분	QR 코드	기능	모델 위치
FLUX Fill		인페인트 및 아웃페인트 특화모델	ComfyUI/models/diffusion_models
FLUX Canny		원본 이미지의 윤곽을 토대로 새로운 이미지를 생성하는 모델	
FLUX Depth		원본 이미지의 깊이감을 토대로 새로운 이미지를 생성하는 모델	
FLUX Redux		원본 이미지의 스타일을 참고하여 새로운 이미지를 생성	ComfyUI/models/style_models

FLUX Fill 모델의 경우 Chpater 06 인페인트 및 아웃페인트에서 자세히 살펴보았으므로, 여기서는 나머지 모델의 사용법과 활용 예를 함께 살펴보겠습니다.

FLUX Canny와 Depth 모델의 이해

FLUX Canny와 Depth 모델은 모두 원본 이미지로부터 특정 정보를 취득한 뒤, 해당 정보로부터 이미지를 다시 생성해 낸다는 공통점이 있습니다. 두 모델 모두 새로운 이미지를 생성할 때 가이드 역할을 할 수 있는 힌트 이미지가 필요하며, 이는 전처리 과정을 통해 얻어집니다.

Canny 전처리 이미지는 원본 이미지의 외곽선을 감지하여, 검은 바탕 위에 흰 선으로 그려줍니다. 따라서 색상대비가 일어나는 경계선을 잘 감지하므로, 명확한 경계를 갖는 사물의 형체를 재현하는 데 유리합니다.

반면 Depth의 전처리 이미지는 원본 이미지의 전, 후 깊이감을 감지하여, 검은 바탕 위에 흰색으로 깊이감을 나타냅니다. 이미지를 바라보는 사람 기준으로, 물체가 가까울수록 흰색으로, 멀리 있을수록 어두운색으로 처리됩니다. 따라서 Depth 전처리 이미지를 보면, 도로와 차량은 밝은 흰색이지만, 배경은 어둡게 처리된 것을 볼 수 있습니다.

[그림 9] FLUX Canny와 Depth의 이해

Canny 모델의 워크플로우는 전처리 그룹에서 ❶ Canny Edge 노드를 통하여 원본 이미지의 외곽선 힌트 이미지를 준비하고, 이를 ❷ InstructPixToPixConditioning 노드로 넘겨주어, 샘플링 가이드 역할을 할 수 있습니다.

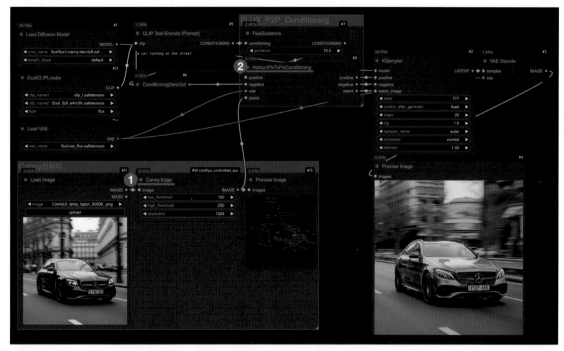

[그림 10] Canny 워크플로우

Depth 모델의 워크플로우는 Canny 모델과 마찬가지로 전처리 그룹에서 ❶ Depth Anything 노드를 이용하여 원본 이미지의 깊이감을 흑백으로 표현한 이미지를 준비한 뒤, 이를 ❷ InstructPixToPixConditioning 노드로 넘겨주어, 샘플링 가이드 역할을 하도록 설정합니다.

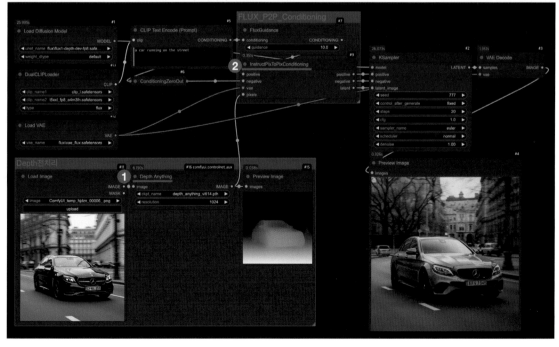

[그림 11] Depth 워크플로우

두 모델 모두 원본 이미지를 비슷하게 재현하지만, 방식의 차이에 따라 결과 이미지에 차이가 발생합니다. 예를 들어, 원본 이미지 속 차량의 헤드램프를 자세히 살펴보면, 두 모델 모두 원본 차량과 동일한 외관을 생성하지만, Canny 모델은 원본 이미지의 헤드램프 2줄 라인을 정확히 재현하는 반면, Depth 모델은 그 디테일을 완벽하게 반영하지 못하는 모습입니다. 차량의 그릴도 마찬가지로, 둘의 외관 형태는 비슷하지만, 그릴 속 라인과 디테일에서는 Canny 모델이 훨씬 더 원본을 잘 반영하고 있습니다.

이 외에도 도로에 그려진 추월차선을 보면, Canny와 Depth의 차이를 명확히 확인할 수 있습니다. 색상 대비를 통해 이미지의 경계선을 감지하는 Canny 모델은 전처리 과정에서 원본 이미지 속 차선의 위치와 크기를 그대로 인식하고, 다시 재현합니다. 반면, 깊이감만 반영하는 Depth 모델은 전처리 이미지에서 차선을 파악하지 못하기 때문에 자유롭게 새로 그려내고 있는 모습입니다.

원본　　　　　　　　　　Canny 재생성　　　　　　　　　　Depth 재생성

[그림 12] Canny 및 Depth 결과 비교

⚙ Canny와 Depth모델의 예시

그렇다면 Canny 모델이 Depth 모델보다 뛰어난 모델일까요? 원본 이미지를 더욱 잘 유지하는 것이 꼭 좋은 모델이라고 할 수는 없습니다. 원본 이미지의 종류나 사용자의 목적에 따라, 원본을 더 많이 유지하고 싶을 수도 있고, 반대로 원본을 덜 유지하면서 창의성을 발휘하고 싶을 수도 있기 때문입니다. 따라서 두 모델의 차이를 잘 이해하고, 상황에 맞춰 적절히 이용하는 것이 중요합니다. 다음의 다양한 예시 이미지를 참고하여, 직접 Canny와 Depth 모델을 활용해 이미지 생성을 실습해 보고 어떤 차이가 있는지 확인해 보기 바랍니다.

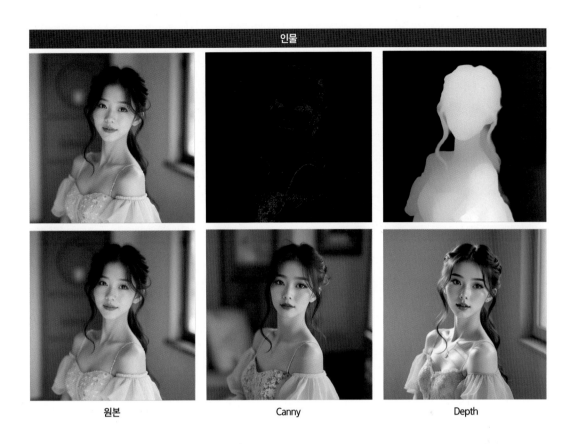

원본   Canny   Depth

원본   Canny   Depth

원본   Canny   Depth

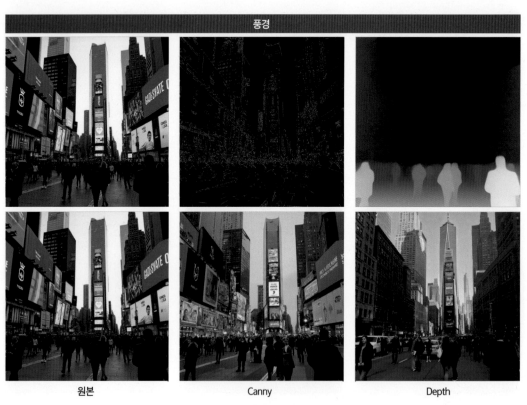

원본   Canny   Depth

[그림 13] 다양한 Canny, Depth 예시

FLUX Redux 모델

Redux 모델은 원본 이미지의 스타일을 참고하여 이미지를 생성하는 모델입니다. 프롬프트 등으로 설명하기 어려운 느낌이나, 구도 등을 원본 이미지로 제시하는 방식으로, 적절히 잘 사용하면 그 활용성이 무궁무진합니다.

프롬프트 없이 이미지만 제시하여도, 두 이미지의 특징을 파악하고, 적절히 섞어 새로운 이미지를 생성해 주기 때문에 상상력을 자극하는 창의적인 작업이 가능합니다.

[그림 14] Redux를 이용한 스타일 믹스 예시

Redux 모델은 사용자가 제시한 이미지를 AI가 인지하는 과정이 선행되어야 하므로, Vision 모델을 함께 사용해야 합니다. 이를 위해 'ComfyUI Manager' → 'Model Manager'로 이동한 뒤, 'Comfy-Org/sigclip_vision_384' 모델을 검색 후 다운로드합니다.

기본 Text-to-Image 워크플로우에서는 CLIP Text Encode 노드의 conditioning 출력이 KSampler 노드의 positive 입력으로 연결됩니다. 여기에 Redux 모델을 적용하려면, conditioning 출력을 가로채 ❶ Apply Style Model 노드를 거치도록 워크플로우를 구성해야 합니다. [그림15]의 예시와 같이 참고 이미지가 2개일 경우, Apply Style Model 노드가 2번 사용되며, 이미지가 3개, 4개 경우에는 해당 노드를 연속으로 이어준 뒤, 마지막 노드의 conditioning 출력을 KSampler의 ❷ positive 입력으로 넘겨주면 됩니다.

미리 다운로드한 Redux 모델과 sigclip_vision 모델은 각각 ❸ Load CLIP Vision과 ❹ Load Style Model 노드를 통해 로딩되며, CLIP Vision Encode 노드와 Apply Style Model 노드의 입력으로 연결합니다. CLIP Vision Encode 노드는 Load Image 노드로부터 이미지를 입력받아 인식하고, 그 정보를 다시 Apply Style Model 노드로 넘겨줍니다.

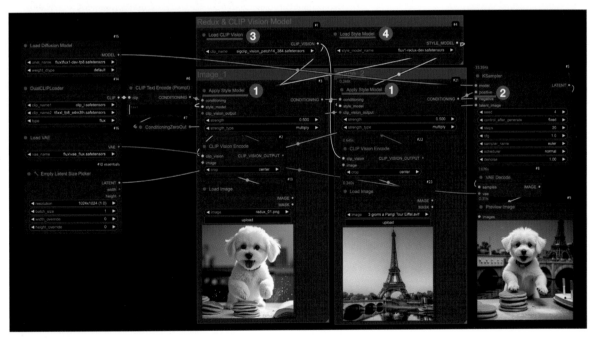

[그림 15] Redux 워크플로우

첨부된 워크플로우를 불러와 바로 사용해도 되지만, 각 노드가 어떻게 연결되어 있는지 다시 점검하거나, [그림 15]를 참고하여 직접 워크플로우를 구성해 보면서 노드의 흐름에 대한 감을 익혀나가시면, 실력 향상에 큰 도움이 될 것입니다.

Load Image에 원하는 이미지를 각각 로드한 후, 워크플로우를 실행하면 Clip Vision 모델이 각 이미지의 특징을 이해하고, Redux 모델이 두 이미지의 특징을 섞어줍니다. [그림 16]와 같이 Apply Style Model 노드의 strength를 조정하면, 각 이미지의 스타일 반영 정도를 제어할 수 있습니다. 또한, 동일한 워크플로우라도 시드 값에 따라 스타일 변화 다양하게 일어나기 때문에, 여러 시드값을 적용해 풍부한 이미지를 생성해 볼 수 있습니다.

강아지 strength: 0.4
프랑스 strength: 0.6

강아지 strength: 0.5
프랑스 strength: 0.5

강아지 strength: 0.6
프랑스 strength: 0.4

ssed: 3

seed: 4

seed: 5

[그림 16] Redux strength 및 seed에 따른 차이 비교

LoRA

우리가 배운 Text-to-Image, Image-to-Image의 기본 사용법과 FLUX.1 Tools 등의 기능을 적극 활용하면, 상상하는 대부분의 이미지를 그럴듯하게 재현할 수 있습니다. 하지만 그럼에도 표현이 어려운 이미지가 있다면, 아마 FLUX 모델 자체가 학습하지 못한 사물이거나 스타일일 수 있습니다. 이럴 때는 LoRA(Low-Rank Adaptation of Large Language Models, 이하 로라) 모델을 활용할 수 있습니다. LoRA 모델은 기존의 디퓨전 모델 위에 추가 정보를 학습시켜, 새로운 내용을 생성하도록 유도할 수 있습니다.

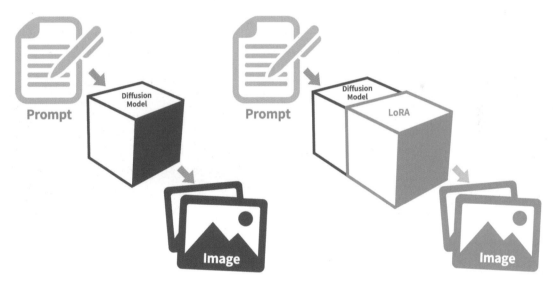

[그림 17] LoRA의 개념

지금까지 모델을 활용한 방식은, 사용자가 프롬프트를 입력하면 디퓨전 모델이 이를 해석해 이미지를 생성하는 방식(좌측)이었습니다. 여기에 LoRA를 활용하면, 디퓨전 모델 뒤에 LoRA 모델을 얹어 사용자가 원하는 디테일을 구현(우측)할 수 있습니다. 즉, **사용자의 의도를 '모델 추가 학습' 방식으로** 반영하는 것으로, LoRA는 이때 학습된 일종의 작은 학습 모델이라고 볼 수 있습니다.

LoRA 사용 방법

로라는 소규모 모델로 개개인이 가정에서 쉽게 학습할 수 있습니다. 또한 직접 만들기 쉽다는 점 때문에 많은 사용자들이 각자의 모델을 공유하고 있습니다. 본 기본 편에서는 간편하게 로라를 다운로드 받아 사용하는 방법에 대해 살펴보겠습니다.

CIVITAI 사이트로 접속 및 로그인한 뒤, ❶ Models 탭으로 이동합니다. 우측 ❷ Filters에서 모델 종류 (Model types)를 ❸ LoRA로, Base model을 ❹ Flux.1D로 설정하면, 다양한 플럭스용 로라가 나타납니다.

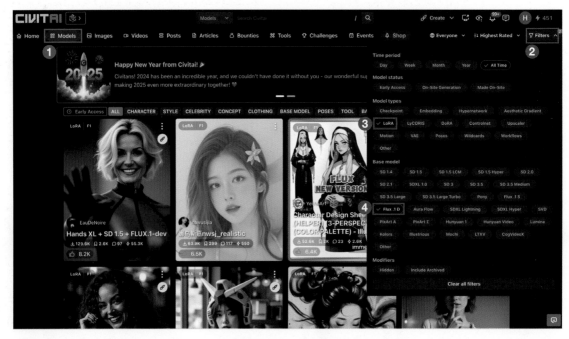

[그림 18] CIVITAI 로라 다운로드

예시에서는 옛날 사진을 들고 동일 장소에서 사진을 촬영하는 컨셉으로 학습된, 'Then and Now' 로라 모델을 다운로드 받았습니다.

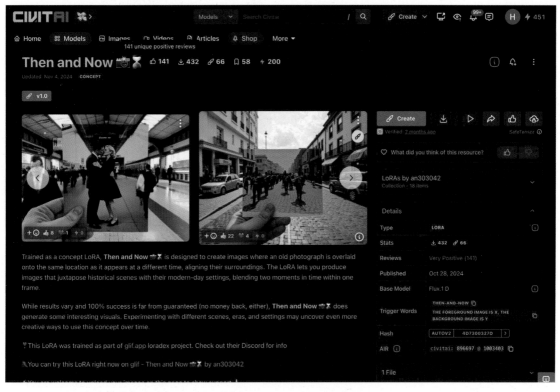

[그림 19] Then and Now 로라 다운로드

다운받은 로라는 [그림 20]와 같이 ComfyUI/models/loras 폴더로 이동해줍니다.

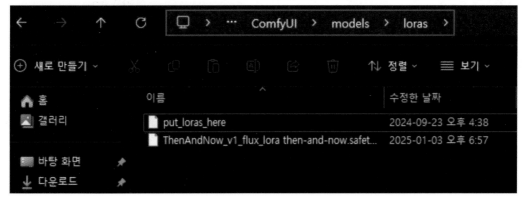

[그림 20] 로라 모델 복사 위치

이제 로라를 사용할 준비가 다 되었으므로 ComfyUI를 실행하고 Load LoRA 노드를 추가합니다. 기본 Text-to-Image 워크플로우를 기준으로 Load DIffusion Model 및 DualCLIPLoader와 KSampleer 사이에 Load LoRA 노드를 삽입합니다. 워크플로우를 보면, 앞서 설명드린대로 'Diffusion 모델 위에 추가 학습된 LoRA 모델을 얻어 사용한다'는 개념을 직관적으로 반영하고 있다는 것을 알 수 있습니다.

[그림 21] 로라 워크플로우

이미지를 만들 때 로라 모델을 선택한 뒤, 얼마나 영향력을 적용할 것인지 조정할 수 있습니다. 로라 소개 페이지에 특별한 안내가 없다면, 'strength_model' 와 'strength_clip' 모두 1.0으로 두고 사용합니다. 로라 모델이 너무 강하게 작용하여 이미지가 과하게 틀어지거나, 망가지는 경우 strength_model 값을 적절히 낮춰 사용할 수 있습니다.

- **lora_name**: 다운로드 받은 로라 모델 선택
- **strength_model**: 로라 모델의 적용 강도
- **strength_clip**: 로라 모델의 프롬프트 적용 강도

Load LoRA 노드   위젯 설정

[그림 22] Load LoRA 노드 설정

다운받은 로라의 소개 페이지를 자세히 살펴보면, 로라 모델 제작자가 권장하는 프롬프트 및 샘플링 설정이 적혀 있는 경우가 많습니다. 이를 토대로 프롬프트를 작성하고 워크플로우를 실행하면, 로라가 적용된 이미지를 생성할 수 있습니다.

Prompt Structure and Tips:

To get the most accurate results with this LoRA, follow a structured approach in your prompts, guiding the model toward alignment, aging effects, and a balanced blend of past and present.

1. **Starting Phrase**: Begin with **"Then-and-now:"** to establish the style.
2. **Foreground Description**:
    - Specify the type of historical photo used for the foreground: **"a black and white photo," "a sepia photo,"** or **"a vintage color photo."**
    - Describe the historical scene in detail, noting key elements like people, buildings, or specific activities. Adding details like slight creases, curled corners, or shadows can create an authentic vintage look.
    - Optionally, mention if the photo is held by a hand or slightly raised from the background.
3. **Background Description**:
    - Specify the background as **"a modern color photo"** and describe the current-day setting.
    - Emphasize any elements in the background that align precisely with the historical foreground image, such as streets, buildings, or landmarks.

[그림 23] Then and Now 로라 설정 안내 문구

Then-and-now: The foreground image is a black and white photo from the 1940s, showing a busy New York City street with vintage cars and pedestrians, slightly crumpled at the edges. The background is a modern color photo of Times Square, bustling with advertisements and crowds. The street layout in the foreground aligns perfectly with the current sidewalks and building placements in the background, merging New Yorkâs past with its iconic present. Then-and-now: The foreground image is a black and white photo from the 1940s, showing a busy New York City street with vintage cars and pedestrians, slightly crumpled at the edges. The background is a modern color photo of Times Square, bustling with advertisements and crowds. The street layout in the foreground aligns perfectly with the current sidewalks and building placements in the background, merging New York's past with its iconic present.

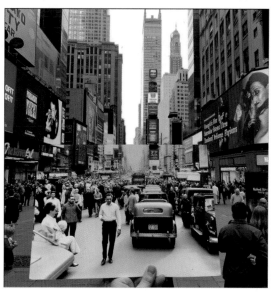

사용된 프롬프트

결과 이미지

[그림 24] 로라 적용 결과 이미지

로라 활용 예시

기존 FLUX 모델에 로라 모델을 추가로 적용함으로써, 프롬프트만으로는 표현하기 어려운 자세나, 의상, 인물, 배경 및 스타일 등 다양한 연출을 구현할 수 있습니다.

일반적인 자세는 프롬프트로도 충분한 표현할 수 있지만, FLUX 기본 모델이 많이 학습하지 못한 자세라면, 로라를 통해 추가로 학습된 내용을 반영해야 표현할 수 있는 경우가 많습니다.

[그림 25] 로라 활용 예시 - 자세

인물의 의상 또한 굉장히 다양하기 때문에, 기본적인 티셔츠의 문구나 색상 등은 프롬프트로 표현할 수 있을지라도, 화려한 의상의 디테일까지 제어하기는 어렵습니다. 예를 들어 '레드와 그린 컬러의 체크무늬 코르셋 드레스를 중세풍 금색 자수장식을 포함하여 크리스마스 테마로 만들어줘'라는 세부 사항을 프롬프트로 하루종일 작성하는 것은 비효율적입니다. 이때는 해당 의상이 학습된 로라 모델을 사용하는 것이 훨씬 도움이 될 수 있습니다.

[그림 26] 로라 활용 예시 – 의상

특히 인물의 얼굴은 현실에서도 사람을 구별하는 데 가장 큰 역할을 합니다. 개인마다 눈, 코, 입은 물론 얼굴의 형태나 크기 등에 따라 매우 다르기 때문에, 원하는 얼굴을 정확히 재현하기 위해서는 얼굴의 구성요소를 프롬프트로 하나하나 작성하기보다, 학습된 로라 모델을 사용하는 것이 훨씬 좋은 방법입니다.

인물(Korean beauty)	인물(Albert Einstein)	인물(Franklin D. Roosevelt)

 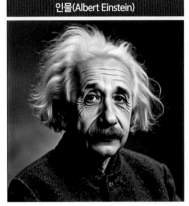 

[그림 27] 로라 활용 예시 – 인물

마찬가지로 현실 속 배경의 디테일이 필요할 경우 학습된 로라를 사용하는 것이 좋습니다. 예를 들어 요트와 도시를 배경으로 이미지를 생성하고 싶은 경우, 프롬프트를 자세히 작성하는 것으로도 가능하지만, 요트를 구성하는 소파나, 구조의 형태 등을 특정하고 싶다면, 이런 부분은 로라 모델이 훨씬 편리합니다. 비현실적인 배경 또한 마찬가지입니다. 특정 요소나 구도 등을 반영해야 할 경우에는 역시 미리 학습된 로라 모델을 사용하는 것이 더욱 효율적입니다.

배경(cruise)	배경(sci-fi)	배경(cyber)

 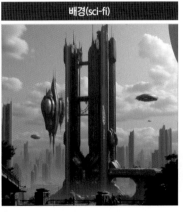 

[그림 28] 로라 활용 예시 – 배경

이미지의 스타일은 로라 모델의 장점이 가장 강하게 드러나는 부분입니다. 프롬프트로 스타일을 지정하는 것이 쉽지 않으며, 아무리 자세하게 작성한다 하더라도 FLUX 모델이 원하는 느낌을 이해하지 못한다면, 스타일에 관련된 프롬프트를 무시하는 경우가 대부분입니다. 예시에서 살펴볼 영역 외에도 다양한 로라 모델이 공유되고 있습니다. 필요에 따라 다양한 모델을 다운로드 받아 적용해 보고 창의적인 이미지를 생성해 보기 바랍니다.

스타일(film)	스타일(Vincent van Gogh)	스타일(Light Painting)

[그림 29] 로라 활용 예시 – 스타일

FLUX LoRA 학습

LoRA의 사용법을 배웠으니, 이번엔 직접 FLUX LoRA 모델을 학습하는 방법을 알아보겠습니다. FLUX 모델에게 특정 컨셉을 학습한다는 것은 이미지를 생성하는 과정과 반대의 개념입니다.

학습된 FLUX 모델로 이미지를 생성(추론)하는 것은 몇 초에서 몇 분이면 완료되지만, 주어진 예시 이미지들로 LoRA를 학습하는 과정은 많은 시간이 필요합니다. 학습을 전문적으로 진행한다면 수많은 파라미터값에 대해 최적화 테스트를 진행해야 하며, 이를 위해서는 학습만을 위한 UI를 따로 설치해야 합니다.

하지만 본문에서는 다른 프로그램을 새로 설치하지 않고, 비교적 간단한 방식으로 ComfyUI 내에서 FLUX LoRA 모델을 학습하는 방법에 대해 살펴보겠습니다. 먼저 학습 진행을 위해 ComfyUI Manager에서 ComfyUI Flux trainer 커스텀 노드를 찾아 설치해 줍니다.

[그림 30] ComfyUI Flux Trainer 커스텀 노드 설치

커스텀 노드가 설치되었다면, 이제 학습을 위한 예시 이미지를 준비해야 합니다. 학습용 이미지는 특정 인물의 얼굴이나, 의상, 액세서리, 배경 등 사용자가 원하는 것을 준비하면 되지만, 단일 주제에 대해 단일 예시 이미지를 준비하는 것이 효율적인 측면에서 가장 좋습니다. 예를 들어 세 인물의 얼굴을 학습하려는 경우, 세 사람의 사진을 한꺼번에 학습하는 것이 아니라, A, B, C 인물별로 개인 LoRA 모델을 만드는 방식으로 접근해야 합니다. 각각의 인물에 대한 사진은 정면, 측면, 근접, 일반 사진 등을 다양한 각도와 구도를 포함하여 10~15장 내외로 준비하면 충분합니다.

마찬가지로 의상이나 액세서리 등 특정 사물이나 컨셉에 대해서도 다양한 각도에서 촬영된 이미지를 준비하는 것이 좋습니다. 본문에서는 학습을 위해 [그림 31]과 같이 총 6장의 블라우스 이미지를 'E 드라이브 – training' 폴더에 준비했습니다.

[그림 31] 학습 이미지 준비

각 이미지를 직접 설명하는 텍스트 파일(캡션)을 준비할 수도 있지만, 지금처럼 하나의 주제에 대해 일관된 이미지를 잘 준비했다면, FLUX가 학습 중에 알아서 이미지를 분석하고 개념을 나눠 학습을 진행하기 때문에, 따로 캡션을 달지 않아도 됩니다.

[그림 32] FLUX LoRA 학습 워크플로우

학습을 진행할 때는 사용자가 원하는 대로 다양한 파라미터를 조정할 수 있습니다. 이는 말 그대로 인공지능이 사용자가 제시한 특정 이미지에 대해 '학습'을 수행하는 과정이므로, 설정값에 따라 학습 성취도가 달라질 수 있습니다.

예를 들어, 학습 속도(lr: Learning Rate)를 달리하거나, 학습 스케줄(초반에 빠르게 공부할 것인지, 매번 똑같은 양을 할 것인지)을 변경하면, 같은 이미지를 학습하더라도 서로 다른 결과물을 얻게 됩니다.

따라서 학습에 정답은 없습니다. 동일한 설정에서도 이미지가 다르면 결과물이 다르고, 동일 이미지라도 설정값이 다르면 학습 결과가 달라집니다. 따라서 자신의 목적에 맞는 최적의 결과를 얻으려면 직접 다양한 학습을 시도하며 경험을 쌓는 것이 중요합니다.

다만, 학습 과정은 일정 사양이 필요하고 시간이 오래 걸리는 작업이므로, 처음에는 책에서 안내하는 기본 설정을 활용해 학습을 진행하신 후, 조금씩 설정값을 조정하며 자신만의 최적 설정을 찾아가길 바랍니다.

학습 설정 부분은 기능에 따라 총 4개 영역으로 나눌 수 있습니다.

❶ 모델 설정: 플럭스, CLIP, VAE 모델을 로딩합니다.

❷ 학습 이미지 설정: 준비한 이미지를 불러옵니다.

❸ 학습 스케줄 설정: 학습을 어떤 식으로 진행할지 스케줄 등을 설정합니다.

❹ 학습 세부 설정: LoRA 모델의 크기, 저장위치, 학습 속도 및 스텝 등을 설정합니다.

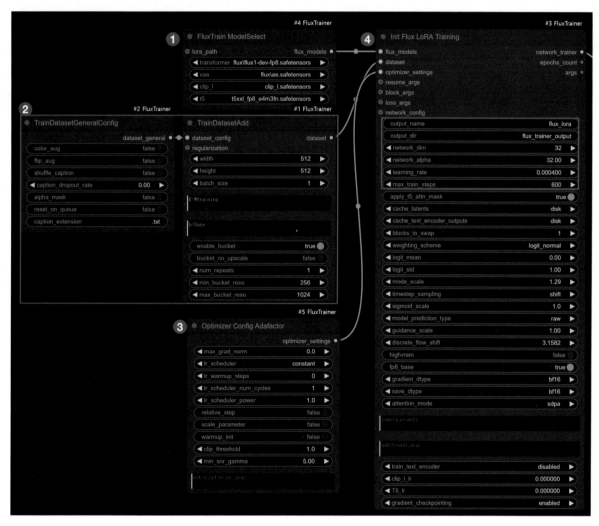

[그림 33] 학습 설정

❶ 'Flux Train ModelSelect' 노드에서 학습에 사용될 모델들을 모두 설정합니다. FLUX 모델 (transformer)과 vae, clip 모델을 모두 설정하면 됩니다.

❷ 'TrainDatasetGeneralConfig' 노드와 'TrainDatasetAdd' 노드는 준비한 예시 이미지를 불러오는 부분입니다. 예시에서는 width 512과 height 512을 설정했지만, 여유에 따라 768*768 또는 1024*1024도 괜찮습니다. 해상도가 높아지면 학습시간이 오래 걸리며 LoRA의 품질도 높아집니다. 해상도 아래의 빈칸에는 예시 이미지가 준비된 경로(ex. E:\training)를 입력하고, 그 아래에 클래스 토큰(class tokens)을 입력합니다. 클래스 토큰란, 해당 이미지가 어떤 종류에 속하는지를 의미합니다. 현재 학습을 진행하는 블라우스는 'blouse'를 입력할 수 있고, 특정 인물인 경우, 'woman', 'man', 'girl', 'boy' 등으로 입력할 수도 있습니다.

간혹, 기존의 FLUX 모델이 해당 클래스에 대해 가지고 있는 정보를 덮어씌우는 것을 피하기 위해 일부러 알파벳을 특수문자 등으로 대체하기도 합니다. 예를 들어 blouse의 중간 철자인 알파벳 o를 숫자 0으로 대체하여, bl0use 등으로 작성하는 것입니다.

❸ 'Optimizer Config Adafactor' 노드는 실제 학습이 진행되는 과정을 조율하는 옵티마이저를 설정하는 노드입니다. 예시에서는 비교적 낮은 사양의 그래픽카드에서도 학습이 가능한 Adafactor라는 옵티마이저 설정을 사용합니다. 앞서 말씀드린 것처럼 전체 학습 진행 과정에서 초반부터 후반까지 어떤 학습률로 진행할지를 조율하게 되며, 이 설정에 따라 학습의 결과가 매우 달라질 수 있습니다. 따라서 처음에는 예시와 같이 기본 설정으로 진행한 뒤, 추후 설정을 변경해 가며 결과를 비교해 보기 바랍니다.

❹ 'Init Flux LoRA Training' 노드는 FLUX 학습을 실제로 진행하는 노드입니다. 상단 위젯들을 통해 LoRA 모델의 파일명(output_name)과 저장경로(output_dir)를 설정할 수 있습니다. 그 아래 network_dim과 network_alpha 값은 일반적으로 16~128 사이를 설정합니다. 생소하고 복잡한 이미지일수록 해당 값을 크게 적용하여, FLUX 모델이 디테일까지 학습할 수 있도록 합니다. 단, 디테일을 자세히 학습할수록 학습 시간이 오래 걸릴 수 있습니다. 특별한 경우를 제외하면, 대개 16~64 사이에서도 준수한 품질로 학습이 가능합니다.

학습 속도(learning_rate)에 따라서도 학습 품질이 달라지지만, 특별히 필요한 경우가 아니라면, 기본값으로 진행하는 것이 좋습니다. 총학습 스텝(max_train_steps)을 설정하여 학습에 걸리는 시간과 강도를 조절할 수 있습니다. 일반적으로 10장 내외의 이미지를 사용할 경우, 한 장당 50~150스텝으로 계산하며 전체 스텝을 지정해주면 준수한 품질의 LoRA 학습이 가능합니다.

예를 들어 12장의 학습 이미지를 준비했을 경우, 위 설정에서 총 600~1800스텝 사이에서 충분한 학습이 이뤄집니다. 예시에서는 6장의 이미지가 준비되었으므로 600스텝을 설정하여 학습을 진행해 보겠습니다.

'Flux Train Loop' 노드에서 설정한 스텝이 진행될 때마다 'Flux Train Save LoRA' 노드에서 모델을 저장합니다. [그림 34]의 예시에서는 총 600스텝을 4번에 나눠 각 150스텝마다 LoRA 모델을 저장하도록 설정하고 있습니다.

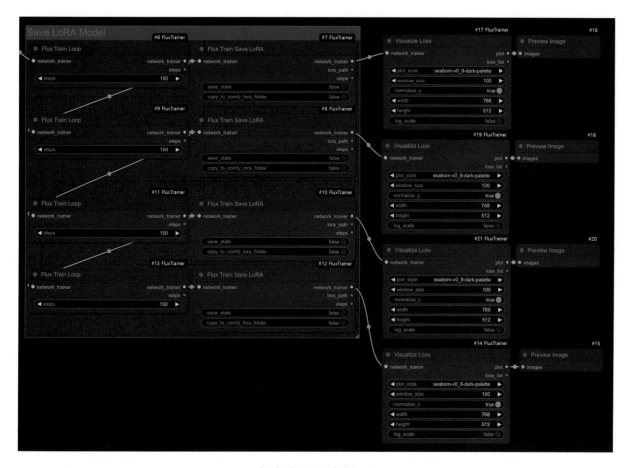

[그림 34] LoRA 모델 저장 노드

다음의 [그림 35]는 학습이 시작되는 모습입니다. 그래픽카드의 성능에 따라 동일 설정에서도 학습 시간에 유의미한 차이가 있습니다. 참고로 RTX 4070ti 512*512 해상도 600스텝 학습 진행에 약 1시간 정도가 소요되었으며, 이를 기준으로 RTX 4090에서는 30~40분, RTX 3060에서는 약 2시간~2.5시간 정도를 예상할 수 있습니다.

[그림 35] 학습 진행 모습

학습을 진행하고 150, 300, 450, 600스텝이 완료될 때마다 LoRA 모델이 저장되어 총 4개의 LoRA 모델 파일(.safetensors)이 생성되었습니다. 이제 학습이 완료된 LoRA 모델을 LoRA 모델 폴더(ComfyUI/models/loras)로 복사한 다음, 해당 로라를 사용해 이미지를 생성해 봅니다.

이름	수정한 날짜	유형	크기
flux_lora_args.json	2025-01-22 오후 1:13	JSON File	7KB
flux_lora_rank32_bf16-step00150.safete…	2025-01-22 오후 1:28	SAFETENSORS 파…	131,372KB
flux_lora_rank32_bf16-step00300.safete…	2025-01-22 오후 1:44	SAFETENSORS 파…	131,372KB
flux_lora_rank32_bf16-step00450.safete…	2025-01-22 오후 1:59	SAFETENSORS 파…	131,372KB
flux_lora_rank32_bf16-step00600.safete…	2025-01-22 오후 2:14	SAFETENSORS 파…	131,372KB
flux_lora_workflow.json	2025-01-22 오후 1:13	JSON File	32KB

[그림 36] LoRA 학습 완료

a pretty 24-year-old Korean woman wearing a white blouse with black string.

a pretty 24-year-old Korean woman wearing a white blouse with red string.

a pretty 24-year-old Korean woman wearing a yellow blouse with black string.

a pretty 24-year-old Korean woman wearing a yellow blouse with red string.

[그림 37] LoRA 적용 이미지 생성 예시

목깃의 주름, 어깨의 이음새, 끈의 형태 등을 보면 학습이 제대로 진행되어 원본과 유사하게 재현되는 것을 확인할 수 있습니다. 프롬프트로 옷과 끈의 색상을 지정하면, 형태는 학습된 모습대로 유지되면서 색상만 변경되는 것도 테스트해 볼 수 있습니다.

CHAPTER

08

실제 활용 예시

SECTION

01

얼굴 바꾸기

마지막 챕터에서는 인물을 생성하고, 생성된 인물의 얼굴을 내가 원하는 얼굴로 자연스럽게 바꾸는 작업을 진행하여 인물의 일관성을 확보해 보겠습니다. 이미지 생성부터 얼굴 인페인트까지 작업을 자동화한 워크플로우를 만들 것이며 크게 4가지의 역할을 가진 그룹을 만들 것입니다.

❶ **인물 이미지 생성**: 모델 로딩 및 기본 Text-to-Image 워크플로우

❷ **얼굴 마스킹**: SAM(Segment Anything)을 이용한 얼굴 마스킹

❸ **얼굴 인페인트**: 얼굴 LoRA와 soft Inpaint를 적용한 자연스러운 얼굴 바꾸기

❹ **결과 비교**: Image Comparer 노드를 이용한 원본-결과 이미지 비교

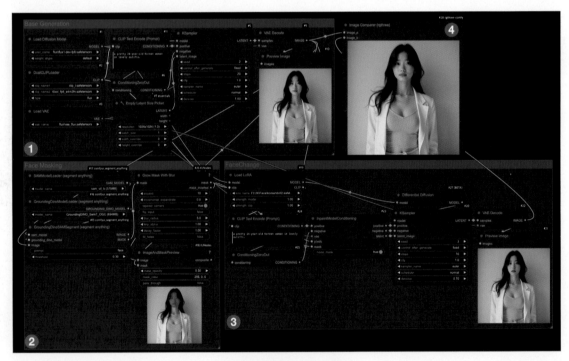

[그림 1] 얼굴 바꾸기 워크플로우

원본　　　　　　　　　　　마스킹　　　　　　　　　　인페인트 결과

[그림 2] 인물 얼굴 바꾸기

인물 이미지 생성

인물 이미지 생성 부분은 기본 Text-to-Image 워크플로우와 동일합니다. 프롬프트와 시드값, 해상도 등을 조정하여 원하는 대로 마음껏 인물을 생성할 수 있습니다. 예제에서는 간결한 프롬프트를 사용했지만, 필요하다면, LLM 등을 활용하여 더욱 정교한 프롬프트를 작성할 수 있습니다.

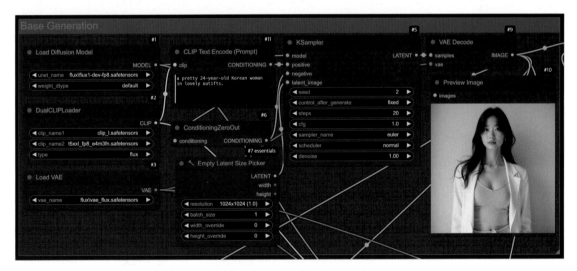

[그림 3] Text-to-Image 인물 이미지 생성 그룹

⚙ 얼굴 마스킹

A. 생성된 인물 이미지에서 자동으로 얼굴만 마스킹 되도록 워크플로우를 구성합니다. 예시에서는 앞서 배운 대로 ❶ Segment Anything 노드를 구성했으며, 얼굴 감지를 위해 프롬프트는 face를 입력해 주었습니다.

B. ❷ Grow Mask With Blur를 적용해 자동으로 감지된 얼굴 영역을 확장하고, 추후 소프트 인페인트를 진행할 것을 감안해 blur_radius 값을 설정해 주었습니다.

C. KJNodes에 포함된 ❸ ImageAndMaskPreview 노드를 이용해 확장된 마스크를 원본 이미지 위에 붉은색으로 표시하여 시각적으로 확인할 수 있도록 구성했습니다. 이때, 색상과 투명도는 각각 mask_color 와 mask_opacity 값을 통해 직접 조정할 수 있습니다.

[그림 4] 인물 얼굴 SAM 마스킹 그룹

얼굴 인페인트

A. ❶ LoadLoRA 노드를 이용해 인물의 얼굴이 학습된 로라 모델을 적용했습니다. 예시에서는 Korean doll 로라를 사용했습니다. FLUX 모델과 CLIP 모델은 인물 이미지 생성 단계에서 이미 로드된 상태이므로, 다시 로딩하지 않고 바로 Load LoRA 입력단으로 연결해 줍니다.

B. 인페인트 작업 진행을 위해 ❷ InpaintModelConditioning 노드를 사용하며, 눈을 감거나, 윙크한다거나, 시선을 다른 곳으로 돌리는 등 인물의 얼굴에 의도적인 변화를 반영하고 싶다면, InpaintModel Conditioning 노드로 입력되는 프롬프트를 구체적으로 작성합니다.

C. Differential Diffusion 노드는 앞서 생성된 마스크 블러와 함께 적용되며, 소프트 인페인트가 진행되어 바뀐 얼굴이 자연스럽게 원본에 녹아들 수 있도록 합니다. ❸ KSampler에서 적절한 denoise 값과 샘플링 스텝 등을 설정하여, 원본과 이질감 없이 자연스럽게 얼굴이 수정될 수 있도록 합니다. 예시에서는 원본의 얼굴을 가볍게 변경하기 위해 비교적 낮은 샘플링 스텝(10)과 디노이즈(0.7)값을 설정했습니다. 더 많은 변화를 주면서 디테일을 살리고 싶다면, 샘플링 스텝과 디노이즈 값을 조금씩 더 높게 설정합니다.

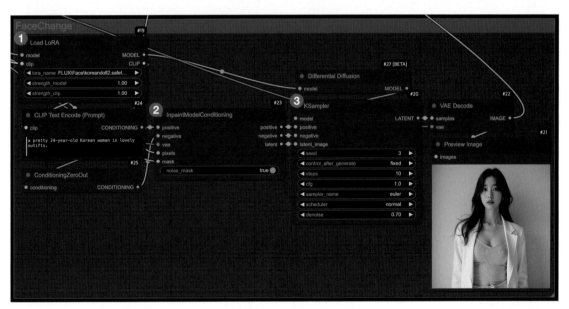

[그림 5] 인물 얼굴 변경 인페인트 그룹

결과 비교

원본과 결과 이미지를 직접적으로 비교하기 위해 rgthree 커스텀 노드의 image comparer 노드를 추가했습니다. 마우스를 노드 위로 가져가 비교 바를 움직일 수 있으며, image_a가 image_b를 덮인 형태로 출력됩니다. 마우스를 좌에서 우로 움직이면, 비교 바가 움직인 위치까지 image_a가 벗겨지며 그만큼 image_b가 드러나게 됩니다. 이 기능을 통해 원본과 결과 이미지를 직관적으로 비교할 수 있습니다.

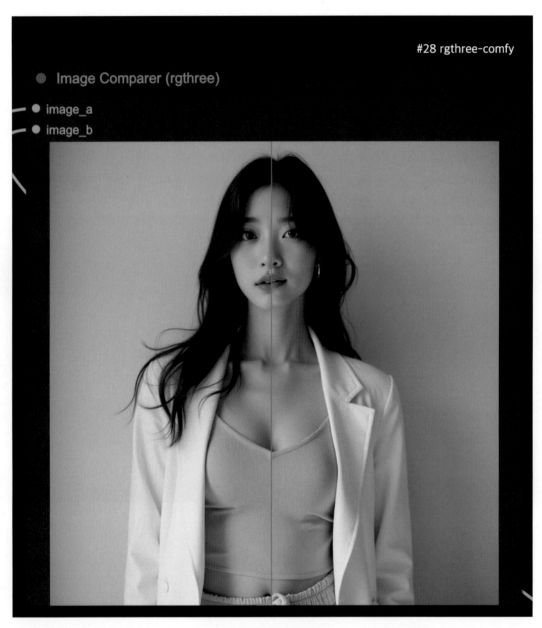

[그림 6] 결과 이미지 비교

AI 피팅 및 제품 홍보 모델

이번 장에서는 앞서 생성한 인물 이미지를 기반으로, 특정 소품을 들고 있거나, 특정 액세서리 및 의상을 자연스럽게 착용하도록 하는 워크플로우를 구성하겠습니다. 단순히 인페인트를 적용해 무작위로 소품이나 의상 등을 수정하는 것이 아니라, 사용자가 원하는 물건을 이미지 속에 삽입할 수 있다는 점에서, 쇼핑몰 상세 페이지 또는 광고 등에서 실용적으로 활용되고 있습니다. 또한 기존의 생성형 AI처럼 포토샵을 병행하지 않고도 ComfyUI내에서 모든 과정을 처리할 수 있다는 장점이 있습니다.

원본 이미지

결과 이미지

소품 교체

액세서리 착용

의상 변경

[그림 7] AI 피팅 및 제품 홍보 모델 예시

[그림 8]은 오랜지캔을 들고 있는 원본 인물 이미지를 먼저 생성한 뒤, 이미지 속 캔을 다른 음료수로 교체하고, 왼쪽 팔목에는 시계를 착용, 티셔츠를 바꿔 입힌 결과를 보여주고 있습니다. 모든 작업은 FLUX Fill 모델과 Redux 모델을 활용하여 얻을 수 있으며, 워크플로우를 살펴보면 다음과 같습니다.

❶ **이미지 준비**: 두 장의 이미지를 입력받고, 원본 이미지 중 수정 영역을 마스킹하여 가로로 나란히 붙여 AI가 인식하도록 함

❷ **Inpaint**: 준비된 이미지로부터 Fill & Redux 모델을 이용해 이미지 수정 및 생성

❸ **이미지 크롭 및 재결합**: 수정이 진행된 부분만 잘라 원본 이미지에 붙여 넣음

❹ **결과 비교**: Image Comparer 노드를 이용한 원본-결과 이미지 비교

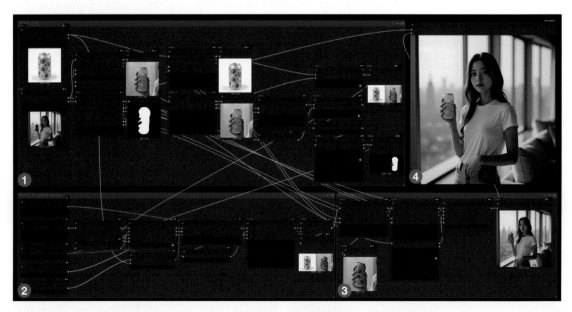

[그림 8] AI 모델 워크플로우

⠏ 동작 원리

앞서 살펴본 다른 워크플로우보다 조금 더 복잡하게 느껴질 수 있기 때문에, 워크플로우의 구성에 이어 동작 원리를 먼저 살펴보겠습니다.

아웃페인트 기능을 소개할 설명한 것처럼, Fill 모델을 활용한 인페인트는 마스킹 된 영역뿐만 아니라 그 주변까지 고려하여 작업을 진행합니다. 즉, 새롭게 그려지는 영역은 마스킹 된 부분으로 한정되지만, 이를 채우기 위해 마스킹 외부의 요소들도 적극적으로 반영되며, 바깥 영역이 마스킹 영역에 영향을 줍니다. 이를 활용하기 위해 먼저 원본 여성 이미지에서 마스킹할 부분(오렌지 음료)을 잘라낸 뒤, 변경할 이미지와 가로로 나란히 배치합니다.

[그림 9] 인페인트 이미지 준비

그 후 나란히 놓인 이미지에서 우측의 오렌지 음료 부분만 마스킹한 뒤 인페인트를 진행하면, Fill 모델은 좌측의 이미지를 참고하여 마스킹 된 이미지를 딸기 음료로 바꿔줍니다.

[그림 10] 워크플로우 동작 원리

그러나 Fill 모델만으로는 바꿔야 할 제품을 정확하게 반영하기 어렵습니다. Redux 모델은 스타일을 참고하여 보다 정교하게 반영하는 역할을 하므로, Fill 모델과 함께 사용하면 더욱 뛰어난 결과를 얻을 수 있습니다.

[그림 11]을 보면, Fill 모델만 사용해도 좌측의 음료를 참고하여 기존의 이미지를 수정하지만, 제품의 모양이 어색한 것을 확인할 수 있습니다. 반면, Redux 모델을 함께 적용하면 좌측의 이미지를 더욱 정확하게 반영합니다.

Fill 모델만 사용했을 때   Fill & Redux 모델을 모두 사용했을 때

[그림 11] Fill 모델만 사용한 결과 vs Redux 모델을 함께 사용한 결과

❖ 이미지 준비

앞서 설명한 것처럼, 이미지 그룹에서는 원본 여성 이미지와 변경할 제품 이미지, 총 두 장을 입력으로 받습니다. 이후, 사용자가 마스킹한 영역을 선택적으로 잘라낸 뒤, 마스킹 된 이미지와 변경하고 싶은 제품의 이미지를 가로로 나란히 배치합니다.

이때, 딸기 제품 이미지는 인페인트를 진행할 원본 이미지로 사용되므로, 가로로 나란히 붙인 마스크 이미지도 함께 준비합니다.

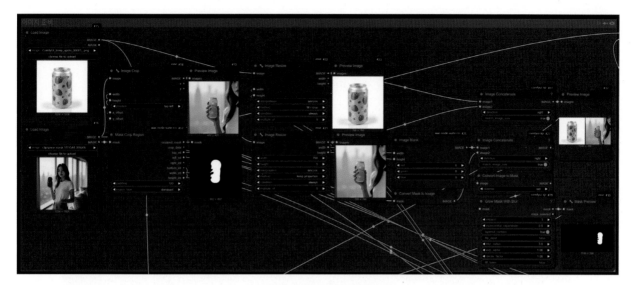

[그림 12] 이미지 준비 그룹

⚙️ Inpaint

인페인트를 진행하는 노드 그룹은 Flux Fill 모델을 활용한 워크플로우에 Redux 워크플로우가 추가된 형태입니다. Redux는 KSampler로 전달되는 Conditioning에 Apply Style Model 노드만 적용하면 되므로, 비교적 간단하게 워크플로우를 구성할 수 있습니다.

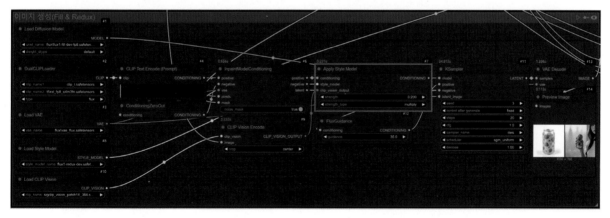

[그림 13] 인페인트 그룹

주의할 점은 Fill 모델이 딸기 제품 이미지를 참고하고 있기 때문에, Apply Style Model의 strength 값을 너무 높이면, 색감이나 조명이 과도하게 반영되어 이질감이 생길 수 있다는 점입니다. Strength 값이 낮더라도 충분히 반영되니, 이미지가 자연스럽지 않다면 값을 변경하며 최적의 strength 설정을 찾아야 합니다.

프롬프트는 따로 작성하지 않아도 괜찮습니다. 마스킹 영역만 올바르게 설정하면 Fill 모델과 Redux 모델이 변경할 물체나 부위를 자동으로 파악하여 자연스럽게 인페인트를 진행합니다. 다만, 인페인트 영역이 복잡하거나 변경 대상이 일반적이지 않은 경우, 보다 정확한 결과를 위해 구체적인 프롬프트를 추가하는 것이 도움이 될 수 있습니다.

이미지 크롭 및 재구성

인페인트가 끝난 이미지에서 우측의 이미지만 잘라낸 뒤, 원본 이미지에 붙여 넣는 작업이 진행되는 노드 그룹입니다. 붙여 넣은 이미지 경계가 어색한 경우, Grow Mask With Blur 노드의 expand 및 blur_radius 설정을 통해 자연스럽게 바꿔줄 수 있습니다.

[그림 14] 이미지 크롭 및 재구성 그룹

[그림 15] 이미지 크롭 및 재구성 개념

☷ 결과 비교

원본과 결과 이미지를 직접적으로 비교하기 위해 rgthree 커스텀 노드의 image comparer 노드를 추가했습니다. 이 노드를 사용하면 마우스를 노드 위로 가져가 비교바를 움직이며 두 이미지를 직관적으로 비교할수 있습니다. 기본적으로 image_a가 image_b를 덮는 형태로 출력되며, 마우스를 좌에서 우로 움직이면, 덮여있던 image_a가 벗겨지면서 image_b가 드러나는 방식으로 동작합니다.

[그림 16] 결과 이미지 비교

SECTION 03

배경 바꾸기

제품 변경에 이어서 이번에는 배경을 변경해 보도록 하겠습니다. 배경 변경 워크플로우는 크게 두 단계로 나눌 수 있습니다.

❶ 배경 마스킹: 인물 바깥만 자동으로 마스킹을 진행하고, 마스크 빈틈을 채움

❷ 배경 생성: Fill 모델과 Dev 모델을 복합적으로 사용해 디테일이 살아있는 배경 생성

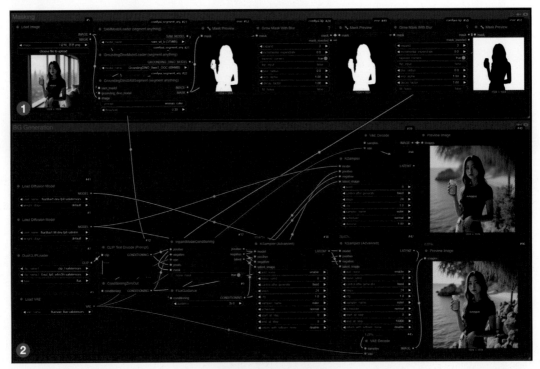

[그림 17] 배경 변경 워크플로우

🔧 배경 마스킹

배경을 마스킹하는 가장 간편한 방법은 인물을 먼저 마스킹한 뒤 반전하는 방식입니다. 이를 위해 Segment Anything 기술을 활용하여 인물을 선택하겠습니다. 프롬프트로는 'woman', 'can'를 지정하여 인물과 음료 캔을 모두 선택합니다. 하지만 Segment Anything 기술이 언제나 완벽하지는 않으므로, 선택된 인물과 음

료 캔 사이의 경계가 제대로 마스킹 되지 않을 경우, [그림 18]처럼 검은 경계선이 드러날 수 있습니다.

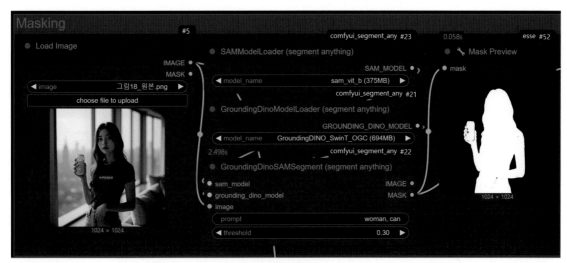

[그림 18] 배경 마스킹

경계선을 제거하려면 위해선 마스킹을 반전하기 전에 Grow Mask With Blur 노드를 추가하고, expand 값을 적용하여 마스크를 확장합니다. 이를 통해 인물과 음료 캔 사이의 간격을 메웁니다. 이후, 다시 마스킹을 반전한 뒤, 똑같은 expand 값을 적용하여 반전된 마스크를 원래 크기로 조정하면, 경계선을 자연스럽게 제거할 수 있습니다.

Grow Mask With Blur 노드의 출력에서 mask_inverted를 선택하면, 확장 후 반전된 배경 마스크를 추출할 수 있습니다. 이 mask_inverted를 두 번째 Grow Mask With Blur 노드에 다시 한번 입력한 뒤, expand 값을 3으로 설정하면, 인물과 음료 캔 사이의 경계가 메워진 배경 마스킹을 얻을 수 있습니다.

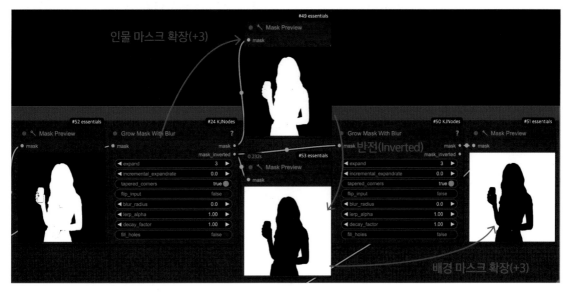

[그림 19] 마스크 다듬기

배경 생성

지금까지 책을 잘 따라오신 분이라면 배경 생성은 어렵지 않게 따라 하실 수 있을 겁니다. 이번엔 단순히 하나의 모델이 아니라 Fill과 Dev 2개의 모델을 활용하여 더욱 뛰어난 배경을 생성해 보겠습니다.

2개의 결과를 비교하기 위해 [그림 20]과 같이 KSampler를 위아래로 나눠서 배치했습니다. 상단에는 일반 KSampler에 Fill 모델을 단일로 사용하여 이미지를 생성하였고, 하단에는 KSampler Advnaced 노드를 2개 연이어 연결하고, 각각 Fill 모델과 Dev 모델을 사용하였습니다. KSampler Advanced 노드를 이용하면, 샘플링 스텝을 사용자 임의로 제어할 수 있습니다. 예시에서는 총 24스텝 샘플링 중 초반 8스텝까지는 Fill 모델을 사용하고, 남은 스텝은 모두 Dev 모델로 샘플링을 진행했습니다.

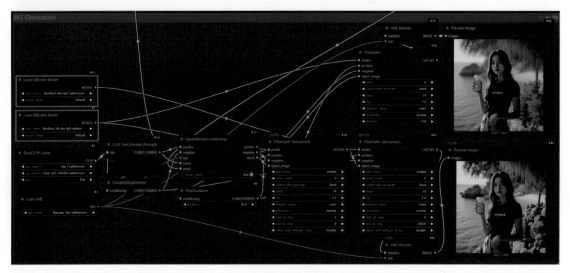

[그림 20] 배경 생성

초반 샘플링 스텝에서 Fill 모델이 자연스러운 배경을 구성하고, 중, 후반 샘플링 스텝에서는 Dev 모델이 이미지를 넘겨받아 디테일을 채워 넣습니다. 이러한 방법으로 Fill 모델만 단독으로 사용했을 때보다 더욱 세밀하고 구체적인 디테일이 살아 있는 배경을 생성할 수 있습니다.

Fill 모델만 사용했을 때   Fill + Dev를 사용했을 때

[그림 21] Fill vs Fill+Dev

원본   바다   숲

그라피티   파리   도시

[그림 22] 배경 변경 예시

SECTION 04 배경 속에 인물 삽입

배경 속 인물 생성의 경우 Chapter 06 Inpaint에서 다룬 바 있습니다. 당시 Flux Fill 모델을 사용하면 Flux Dev 모델보다 더욱 자연스러운 인페인트가 가능하다고 소개했습니다. 이번엔 Chapter8.3과 같이 Fill과 Dev 모델을 함께 사용하였을 때 어떤 차이가 있는지 비교해 보겠습니다.

❶ **이미지 준비**: 원본 이미지 속 인물을 생성할 영역을 마스킹하고, 마스킹 된 영역을 생성에 적합한 크기로 확대 (1024*1024)

❷ **Fill 인페인트**: FLUX Fill 모델을 이용해 전체 스텝 중 40~50%의 샘플링 진행

❸ **Dev 다듬기**: FLUX Dev 모델을 이용해 나머지 스텝 샘플링 진행

❹ **재구성**: 마스킹 영역을 다시 원래 크기로 resize 한 뒤 원본 이미지에 붙여 넣음

❺ **결과 비교**: Image Comparer 노드를 이용한 원본 - 결과 이미지 비교

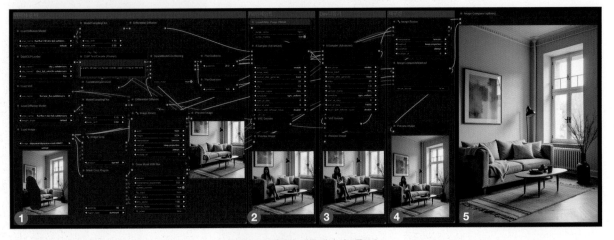

[그림 23] 배경 속 인물 생성 워크플로우

이미지 준비

이미지 준비 단계에서는 CLIP 모델, VAE 모델과 함께, FLUX Fill 및 Dev 모델을 로딩합니다. 원본 이미지를 불러온 후, 인물을 생성할 위치를 마스킹합니다. 설정 후 바로 인페인트를 진행할 수도 있지만, 해상도를 확대하여 더욱 높은 품질의 인페인트를 할 수 있도록 하겠습니다. 예시에서는 마스킹한 영역을 포함하는 정사각형 부위만 잘라낸 뒤, 1024*1024 해상도로 이미지를 확대하였습니다.

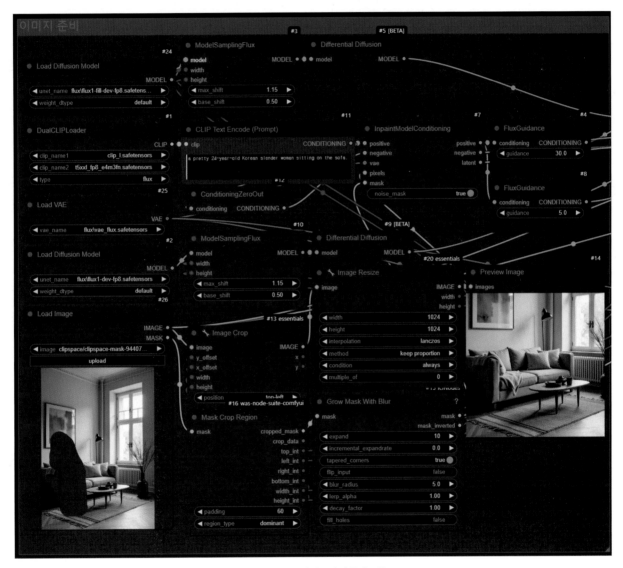

[그림 24] 이미지 마스킹 및 준비 그룹

인페인트 및 결과 비교

앞서 준비된 정사각형 이미지를 기반으로 Fill → Dev 순서로 인페인트를 진행합니다. KSampler Advanced 노드를 이용해 Sampling Step을 제어했으며, 총 20스텝 중 9스텝은 Fill 모델로, 남은 스텝은 Dev 모델로 인페인트를 진행했습니다. 재구성 그룹에서는 인페인트가 진행된 결과로 얻은 1024*1024 이미지를 다시 마스킹 영역 크기로 줄인 뒤, 원본 배경 속으로 넣어줍니다. 마지막으로 image comparer 노드를 추가하여, 두 이미지를 직관적으로 비교할 수 있습니다.

[그림 25] 인페인트 진행 및 결과 비교

원본 배경과 비교했을 때, Fill 모델만 사용한 경우와 Dev 모델을 함께 사용한 경우 인물의 디테일에서 확연한 차이가 나타납니다. Fill 모델이 주변의 조명과 색감, 화질 등을 자연스럽게 조정해 준 후, Dev 모델로 마무리하면 전체적인 인물의 디테일이 훨씬 살아나는 모습입니다.

원본 배경

Fill

Fill + Dev

원본 배경

Fill(확대)

Fill + Dev(확대)

[그림 26] 배경 속 인물 생성 예시

제품 이미지 생성

이번에는 인물이 아닌 제품 이미지를 생성하겠습니다. 제품 이미지를 생성하는 방식도 여러 가지가 있지만, 여기서는 앞서 학습한 워크플로우를 복합적으로 활용하겠습니다.

컨셉 이미지 생성

먼저 머릿속에 그려둔 컨셉이 있다면 [그림 27]과 같이 LLM을 활용해 해당 컨셉을 반영한 특정 제품 이미지를 생성합니다. 예시에서는 프랑스 파리 호텔에서 촬영한 향수병 이미지를 생성했습니다. 향수병은 이후 원하는 다른 제품으로 변경할 예정이므로, 이 단계에서는 최대한 컨셉에 집중하는 것이 중요합니다.

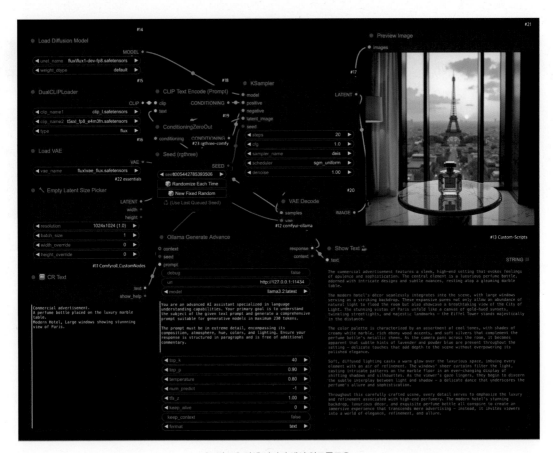

[그림 27] 컨셉 이미지 생성 워크플로우

제품 이미지 교체

Chapter 8.2(AI 피팅 및 제품 홍보 모델)에서 사용한 워크플로우를 불러옵니다. 이후, 앞서 생성한 향수병 컨셉 이미지와 실제 제품을 각각 불러옵니다. 컨셉 이미지에서 향수병과 반사된 부분을 마스킹한 뒤, 워크플로우를 실행하면 컨셉 이미지 속 향수병이 실제 제품 이미지로 변경됩니다.

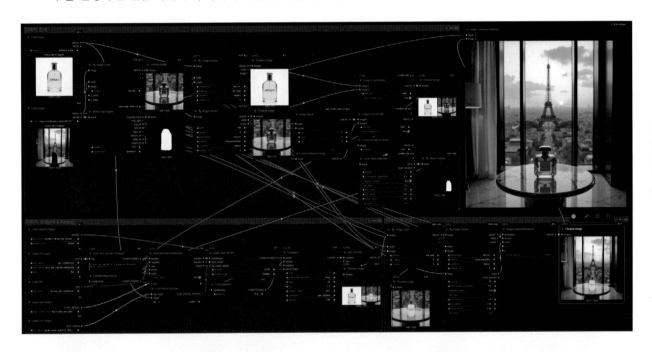

컨셉 이미지

실제 제품1

실제 제품2

[그림 28] 제품 교체

SECTION 06

피부 질감 보정

FLUX로 인물 이미지를 생성한 후에 확대해 보면, 종종 인물의 피부 질감이 마치 플라스틱처럼 뭉개져 있다고 느낄 수 있습니다. 물론 앞서 배운 Chapter 7.1(Upscale) 기능을 통해 모델 업스케일러와 타일 샘플링을 적용하면 피부 질감이 상당히 개선되는 것을 확인할 수 있습니다. 하지만, 최종 이미지가 아니라면 이런 무거운 업스케일을 매번 진행하는 것이 부담스러울 수 있습니다. 이때, Image-to-Image 방식의 업스케일을 적용하여 간단하게 인물의 피부 질감을 개선할 수 있습니다.

동작 원리는 매우 간단합니다. 기본 Image-to-Image 워크플로우를 기준으로, 업로드한 이미지를 한 번 업스케일한 뒤 이미지를 전달하는 방식입니다. 업스케일을 진행하는 모델(4x_NMKD-Siax_200k)은 ComfyUI Model Manager에서 다운로드 받을 수 있습니다.

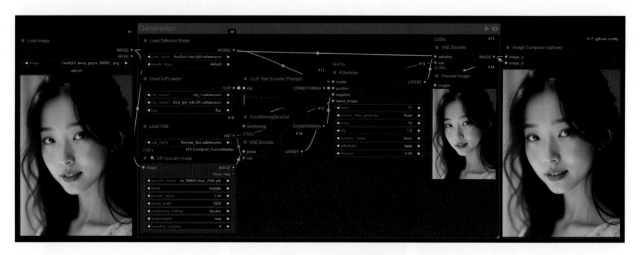

[그림 29] 인물의 피부 질감 보정 워크플로우

간단한 워크플로우 만으로 인물 피부 묘사와 속눈썹 등 전반적인 이미지 디테일 수준이 상당히 개선된 것을 확인할 수 있습니다.

원본

피부 질감 개선

[그림 30] 피부 질감이 살아난 이미지 비교

SECTION
07

인물의 표정 변경

프롬프트에만 의지할 경우, 그럴듯하게 인물을 생성했더라도 표정이 마음에 들지 않는 경우가 종종 있습니다. 생성된 이미지의 표정이나 시선 등이 마음에 들지 않으면, ComfyUI에서 후보정으로 표정을 변경할 수 있습니다.

[그림 31]은 무표정 원본 이미지(Src)를 웃는 표정의 얼굴(Sample)로 변경한 예시입니다. 단순히 원본 이미지와 참고할 표정 이미지를 로드하고, 워크플로우를 실행하는 것만으로 원본 이미지를 수정할 수 있습니다. 설정값들을 조정하면 추가적으로 다양한 표정을 만들어볼 수 있습니다.

[그림 31] 인물 표정 변경 워크플로우

각 설정값을 간략히 살펴보면 다음과 같습니다.

- **rotate_pitch/rotate_yaw/rotate_roll**: 고개 각도 변화
- **blink**: 눈 깜빡임
- **eyebrow**: 눈썹 및 미간
- **wink**: 한쪽 눈 깜빡임
- **pupil_x/pupil_y**: 눈동자 방향 제어
- **aaa/eee/woo**: 입 모양 아/이/우 제어
- **smile**: 웃는 모습 정도
- **src_ratio**: 결과 이미지에 원본 이미지를 반영하는 정도
- **sample_ratio**: 결과 이미지에 원본 이미지를 반영하는 정도(0이면 이미지 무시)
- **sample_parts**: 표정 이미지로부터 표정만, 눈/코/입만 따로 혹은 고개 움직임까지 전부 복사할 것인지 선택
- **crop_factor**: 원본 이미지 속 얼굴 표정의 변형할 범위

rotate

eyebrow

wink

pupil   aaa   smile

[그림 32] 다양한 표정 변화

다양한 설정이 가능하므로 수치를 하나씩 조정하면서 직접 표정을 테스트 해보기 바랍니다. 수치를 복합적으로 변경하면 좀 더 다이나믹한 표정을 연출할 수 있습니다.

Appendix

✂️ FLUX 155 Color Codes

alabaster #FAEEDC	alice blue #8AE5FA	amaranth #AD0025	amber #F17701	amethyst #9214B4
antique white #F8F7EE	apricot #FEB171	aquamarine #63F4ED	ash gray #9FA5A8	aubergine #790055
aureolin #FEC132	baby blue #A0EDFE	beige #FAE1BB	bisque #FED7AE	black #010101
blanched almond #FDE4C6	blue gray #5D9BC0	blue violet #5131E4	blue #08B1E9	blush #FEC0C3
brass #DD8E13	bronze #865C26	brown #99470C	buff #F7D095.	burgundy #850018
burnt sienna #FA720B	cadmium yellow #FEDA03	caramel #FE9F36	caribbean green #06C56B	carmin #F80718
carnation pink #FEAEC3	carnelian #FC3106	celadon #98E9BC	cerise #FE4277	cerulean #1BCFE2
charcoal #0F1216	chartreuse #B9FE00	chestnut #C85817	chocolate #6B2108	citrine #FEC83C
claret #94001E	cobalt blue #0049CA	cocoa #A4411C	coppe #E7561C	coral #FA7060
cornflower blue #54C4FE	cornsilk #FEE66B	cream #FCF0D3	crimson #C20000	cyan #15E2E5
deep pink #F9588F	dodgerblue #0081CE	ebony #05090C	eggplant #860F6E	emerald #00914A
gold #E5B01D	goldenrod #FECB05	gray #ADB0B0	green #37DF42	heliotrope #B36FCD
honeydew #FEE66A	hot pink #FE539F	hunter green #197B29	indigo #001E5C	ivory #F8F0D3
jade #04B16F	jazzberry #F3238A	khaki #C49E6A	lapislazuli #0038B0	lavender #DABFF7
lemon chiffon #FEF672	lemon yellow #FEF01B	lilac #E4BFF9	lime green #A2FE10	linen #F4EFE4
magenta #F10B86	mahogany #9D1902	maize #FECD17	maroon #670106	mauve #D76C77
may green #35D042	melon #FEB684	midnight blue #001D4C	mint green #9BFCC7	mulberry #BB0967
mustard #F9B800	navy blue #001B45	nickel #A8A7A5	ochre #F69402	olive green #5B6404

onyx #1D1F28	orange red #FE4207	orange #FB7600	oxblood #88000C	pacific blue #109FD7
peach #FEC6A5	periwinkle #96BCFA	persian green #26B84B	persimmon #F66F03	pink #FEABC7
plum purple #66006F	plum #5D0051	powder blue #92E5F9	prussian blue #0057C0	puce #F86985
pullman brown #51270B	purple #9319C7	rebecca purple #B63DCD	red #E10000	robin egg blue #8AEEEC
rosegold #FEA577	royal blue #005CD6	royal purple #7000B4	rufous #FE5111	russet #BC4A05
rust #E02801	saddle brown #C76728	saffron #FEBC05	sage #9FDDB0	salmon #F97D4D
sand #FED99E	sandy brown #FAC27E	savoy blue #015EA2	scarlet #D30000	sea green #5AE0B7
seafoam #A4F6E5	sepia #FBD396	sienna #FC8D29	silver #D1D2D2	sky blue #69E2FC
slate blue #0D5984	slate gray #464E53	spring green #58FB29	tan #FDC47B	tangerine orange #FE8403
taupe #DEBB95	teal #14C5B0	terracotta #FC6029	turmeric #FEBB00	turquoise #2BF1DC
tyrian purple #5E0071	ultramarine blue #005FC5	umber #F06212	vanilla #FEEFD0	venetian red #CB0003
vermilion #E90001	violet #A52DD7	viridian #02AB41	white #FCFCFB	wine #930020
wisteria purple #D28FFA	yellow green #D2FE14	yellow orange #FEB405	yellow #FCDE00	yinmn blue #0698E2

맺음말

AI 이미지 생성 기술은 단순한 흥미로운 도구를 넘어, 창작의 방식 자체를 변화시키고 있습니다. 이제 우리는 몇 년 전만 해도 상상하기 어려웠던 방식으로 이미지를 만들고, 수정하며, 커스터마이징할 수 있습니다. 앞으로는 더더욱 빠른 속도로 정교한 모델과 새로운 도구들이 등장할 것입니다.

하지만, 기존의 기술을 제대로 소화하고, 그 기술을 자신의 분야에서 온전히 활용하는 능력 또한 최신 기술을 따라가는 것 못지않게 매우 중요하다고 생각합니다. 매서운 변화의 시대에서, 단순한 사용자에 머무는 것이 아니라 능동적인 창작자로서 AI 기술을 활용하고, 자신만의 방식으로 발전시켜 나가는 것에 가치를 둔다면, 분명 ComfyUI 및 FLUX를 다루는 능력이 큰 자산이 될 것이라 확신합니다.

책의 마지막 챕터까지 함께 해주신 독자 여러분께 진심으로 감사드립니다. 필자는 스테이블 디퓨전의 대중화가 막 시작되던 초창기 시절, AI 오프너 윤경식님과 소이랩 최돈현님의 유튜브 영상 덕분에 생성형 인공지능 기술에 흥미를 느껴 입문할 수 있었고, 감사하게도 현재는 AI 관련 분야를 본업으로 하고 있습니다. 비록 부족한 점이 많은 책이지만, 저에게 유튜브 영상이 그랬던 것처럼, 이 책이 독자 여러분의 AI 활용 여정에 조금이나마 도움이 되었기를 바랍니다.

마지막으로, 집필의 시작부터 출판까지 모든 과정에서 아낌없이 지원하고 힘써주신 박성호 담당자님 및 디지털북스 관계자 여러분께 진심으로 감사드립니다. 더불어 국내 생성형 AI 기술 보급 및 발전에 앞장서 힘써주고 계신 소이랩 최돈현 대표님, 노르디 강협 이사님 및 관계자 여러분께 깊은 존경과 감사를 표합니다. 현업에서 생성형 AI 미디어를 적극 활용하면서 생생한 피드백을 주신 SHEMA 디렉터 김미연 디자이너님, 한국AI작가협회 그림달 김상래 이사님 덕분에 단순한 기능적 고민을 넘어, 기술 활용 측면에서 더 많은 공부와 연구를 수행하며 성장할 수 있었습니다. 다시 한번 감사드립니다. 무엇보다 항상 아낌없는 격려와 응원을 주신 친구들과 가족들, 진심으로 감사합니다.

Q ComfyUI 설치가 너무 어려워요.

A 사용 중인 PC의 성능이 부족하거나, 혹은 설치 과정의 어려움 때문에 입문 단계에서 어려움을 호소하는 분들이 많습니다. 이럴 때는 노르디(https://nordy.ai/)와 같은 서비스를 통해 설치 없이 ComfyUI를 경험해 보실 수 있습니다. ComfyUI 작업환경이 모두 설치된 서버에 접속하여, 사용자 간편하게 ComfyUI를 사용할 수 있습니다.

Q 최신 기술들에 대한 정보는 어디서 얻을 수 있나요?

A 최근 AI 기술들이 빠르게 발전하면서 다양한 채널을 통해 소식을 접할 수 있습니다. 특히 생성형 이미지 및 영상 기술과 관련 소식의 경우, 국내 최대 커뮤니티인 스테이블 디퓨전 코리아(https://www.facebook.com/groups/stablediffusionkorea)를 통해 가장 빠르고 정확한 정보를 확인할 수 있습니다. 기술 뉴스뿐만 아니라 다양한 창작물도 활발히 공유되므로, 평소 관심 있게 살펴보면 큰 도움이 됩니다.

Q 똑같은 프롬프트를 작성했는데 똑같이 나오지 않아요.

A 의미가 동일한 프롬프트라도 띄어쓰기나 구두점에 따라 결과에 미세한 차이가 발생할 수 있습니다. 심지어 동일한 프롬프트라 하더라도, 여러 설정값 중 조금이라도 다른 값이 적용된다면 다른 이미지가 생성될 수 있습니다. 예를 들어 해상도의 설정값이 바뀌면, 단순히 해상도만 바뀌는 것이 아니라 아예 다른 이미지가 생성됩니다. 또한, Seed 값이 달라지면 모든 설정이 완벽하게 동일하더라도, 다른 이미지가 생성됩니다.

Q ComfyUI만 잘 다루면 인공지능 이미지 기술은 모두 다룰 수 있나요?

A ComfyUI가 모든 인공지능 이미지 기술을 다루는 것은 아닙니다. 최근에는 우수한 성능의 이미지 및 영상 생성 모델 서비스가 늘어나면서, 경우에 따라 ComfyUI를 사용하지 않고도, 필요한 미디어 콘텐츠를 생성하는 데 불편함이 없을 수도 있습니다. 하지만 일반적인 서비스들은 UI/UX가 제한적이고, 기능도 제한적인 경우가 많습니다. 반면, ComfyUI는 자유로운 콘텐츠 생성 및 편집이 가능해, 창작자의 상상력을 실현하는 데 매우 효율적입니다. 따라서 생성형 AI 콘텐츠 전문가로 거듭나기 위해서는 필수로 다뤄야 하는 툴이라 할 수 있습니다.

1판 1쇄 인쇄 2025년 4월 25일
1판 1쇄 발행 2025년 4월 30일

—

지 은 이 우희철
발 행 인 이미옥
발 행 처 디지털북스
정   가 25,000원
등 록 일 1999년 9월 3일
등록번호 220-90-18139
주   소 (04997) 서울 광진구 능동로 281-1 5층 (군자동 1-4, 고려빌딩)
전화번호 (02)447-3157~8
팩스번호 (02)447-3159

—

ISBN 978-89-6088-486-1 (93000)
D-25-09

DIGITAL BOOKS
디지털북스